トランプ勢力の徹底抗戦でアメリカの国家分裂は進む

The Civil War Starts Again.

副島隆彦

Soejima Takahiko

祥伝社

はじめに

大統領選とアメリカンデモクラシーの終焉

この本が出てすぐに、米大統領選挙が行われる（11月5日）。

私は言論の予言者を自ら名乗って、評論業で40年間生きてきた。この本の書名『トランプ勢力の徹底抗戦で　アメリカの国家分裂は進む』をパッと見ただけでは、アメリカ政治に相当関心がある人たち以外には理解不可能だろう。

この書名を決めた一歩手前の案は、『米トランプ勢力は貧乏覚悟で　善人《グッドガイズ》の新国家を作る』だった。これもおそらく意味不明であろう。

この本が出てすぐに、今度の大統領選挙でまたしても大掛かりな不正が行われることで、騒がれるだろう。それは、本当に大騒ぎになる。このことは私にとって、有《あ》り有《あ》りと目に見えるように分かる事態である。なぜなら、私は「トランプは選挙で負ける」と悲観し、悲痛になってこの半年くらいを生きたからだ。

反《はん》トランプ勢力（ディープステイト）は必ず、必ず不正選挙をやると、私は確信している。たったこの一点に共感してくれる人々は、ただちに本書の意味を分かってくれるだろう。

彼らは選挙の得票数を、2020年11月と全く同じように、コンピュータと郵便投票などで6000万票も移し替える。そして、カマラ・ハリスが勝利するよう選挙結果を捏造《ねつぞう》する。こんな巨大で大掛かりな不正が、今の世界で許されるわけがない。ところが、平気でこういうことが行われる。それが今の世界帝国アメリカだ。そして、我が日本国の選挙だって、実際に選挙の得票数の不正操作が行われて来たのである。

私がこのように書くと、もはや私は普通の政治評論や、社会言論の枠から外れた人間という扱いになる。覚悟の上である。ただでさえ日本のメディア（テレビ、新聞、雑誌）から長年干《ほ》されて、相手にされずに生きて来た私にとって、今さら臆《おく》することはない。

大きな真実を誰が本当に書いているのか。そんな不正選挙なんかあるはずがない、バカ

「反《はん》移民の思想」は、この本から始まった。これが今の世界最先端の課題である

フランスの作家、ジャン・ラスパイユ(Jean Raspail、1925〜2020)が1973年に出したLe《ル》 Camp《カン》 des《デ》 Saints《サン》『聖人たちの陣営(砦)』。反移民を初めて描いた。以来、欧米で大騒ぎになった。知らないのは日本の知識層である。この小説の冒頭部分を載せる。

――今朝、(南仏コートダジュールの)海へと広がる約50数メートル離れた浜辺に、地球の反対側(北アフリカ)から来た、信じられないほどの(難民たちのボートの)船団が出現した。老教授は注視した。その錆《さ》びて軋《きし》むぼろぼろの船団を。

酷《ひど》い悪臭と共に、押し寄せる難民の到着を告げる知らせは、まるで嵐の前の雷鳴のようだった。老教授は三脚台の望遠鏡から目を離した。脅威の侵略はあまりにも近くに迫っていた。すぐにも丘を越えて自分の別荘にまで押し寄せて来るようだった――

げた主張だと、頭のてっぺんから私を否定する人たちには、この本の存在意義はない。それでも私は、こうやって真実暴《あば》き言論でずっと生きてきた。やせ衰えた日本の出版業界で、私は細々《ほそぼそ》ながら単行本を出し続けて、30歳から、40年間生きてきた。私の主張と謎解きに付き合い、それなりに信頼してくれる人々に向かってこの本を書く。

選挙制度はデモクラシーの土台であり、基本である。これが巨大な選挙不正で歪《ゆが》められたら、デモクラシーそのものの死を意味する。
デモクラシーという言葉は、demos《デモス》 と cratia《クラティア》 から出来ている。この demos が「民衆、大衆」を意味し、cratia が「支配体制」を意味する。だから、デモクラシーは民衆一人ひとりの1票から作られる政治体制である。デモクラシーはイデオロギー（イデアのロゴス）ではない。だから✖民主主義は誤訳だ。○民主政体《せいたい》が正しい。

大国のアメリカ合衆国で、こんなに何回も選挙の不正、捏造が行われるようでは、今の世界は本当に暗闇の中で生きているに等しい。中国とロシアを独裁国家であると言い続けて、馬鹿にして、腐《くさ》していればいい、というものではない。自らを民主的でリベラルで、自由な先進国だと信じ込んでいる者たちの責任は重い。アメリカの手先、子分を平気でやり続けている日本人も同様だ。

私のこのような〝ぶつくさ書き〟は、普通の政治評論とは見なさない、という判定を下されても構わない。私の言論は、ずっとそのように扱われてきた。それでも私は、この世にある本当の真実を書く。こうやって生きてきた。だから最近は、私の本は日本社会で認められている。私はウソを書かないで生きてきた。


トランプ勢力は、このあともヒドい目に遭《あ》いながらも、じりじりと後退しながら、それでも不屈に戦い続ける。そしてアメリカ帝国は国家分裂をしていく。アメリカの中西部（ミッドウェスト）と南部（サザン）のテキサスを中心にした諸州は、それぞれの州民が決断して、連邦離脱《れんぽうりだつ》（セセション secession）を徐々に州議会で決議していく。

この連邦離脱というのは、現在のアメリカ合衆国から州（state ステイト、これが国）ごとに分離（セシード secede）し、独立することである。ワシントンとニューヨーク、シカゴを中心とする連邦《れんぽう》政府（フェデラル・ガヴァーンメント）の言うことはもう聞かない、という決断である。

アメリカが、これから向かう国家分裂は、もはや不可避である。今のアメリカの政治や金融経済を握りしめている大富豪たちの連合体（これがディープステイト）にしてみれば、自分たちがこの先も世界支配を続けたい。そのために必要なアメリカの現在の仕組みそのものが内部から壊れてしまうのは、彼らにとって一番いやなことだろう。

それでも、アメリカの国家分裂・連邦離脱は続いていく。たとえ無理やりドナルド・トランプを再び引きずり下ろしたとしても。


この本で2つ目に重要な論点は、「もうこれ以上、移民を外国から受け入れない。そんな余裕はアメリカにはないのだ」という、P5に前掲した思想が前面に出て来ていることだ。このことを大きくはっきりと示す。

この反《はん》移民の思想は、日本ではテレビ、新聞などがグズグズ、コソコソと、ヨーロッパへの難民の死亡事件が起きるたびに小さくニューズにするだけだ。しかし、まともなヨーロッパとアメリカの白人たちは、「もう我慢しない。キレイごとは言わない。もうこれ以上、移民、難民は入ってこないでくれ」という思想を、敢然《かんぜん》と表明し実行し始めた。

それが、トランプ勢力が団結する切実な理由である。もっとはっきり書くと、アメリカは白人国家なのだ。「これまでアメリカに入ってきて、白人の言うことを聞いて生きてい

ディープステイト側は、何が何でもトランプ勢力に公式の政治権力を明け渡さない。トランプの真実の支持率は全米で73%である。だから、真のアメリカ動乱は大統領“不正”選挙の翌日の11月6日から始まる

あまりにも巨大な不正をディープステイトが公然と行って、それでデモス・クラティア（民衆支配体制。デモクラシー、代議制民主政体 ×民主主義）を、ここまで汚して、アメリカ民衆の多数意思を踏みにじって、ディープステイト独裁を断行するというのであれば、やはり、もう国家分裂と内戦（シヴィル・ウォー）しかない。

る黒人やヒスパニック、イスラム教徒たちは、このまま生活していい。しかし、そうでない者たちは出て行ってくれ」という考え方である。これは、ヨーロッパの主要国であるフランスもイギリスもドイツもイタリアも同じだ。

ここで白人優越の思想（ホワイト・シュープレマシー white supremacy）を公然と言うと、それは明らかに③人種差別である。人種差別をしてはいけないは、今の世界の、人類の、大スローガンである。しかし、もうそんなことも言っていられない。そこまで欧米の堅実な白人たちは追い詰められている。このことを私たち日本人は、はっきりと受け止めなければならない。そのためにこの本がある。

日本でも、全国の自治体（1700個ある）それぞれに割り当てで50人、100人のネパール人やベトナム人の移民の受け入れ義務の枠があり、それは静かに実行されている。新聞記事にはならない。実情は、関係者が「困ったことだ」とコソコソと話しているだけだ。カマラ・ハリス政権（ディープステイト側）からすると、日本はなかなか移民、難民を受け入れない人種差別の国だとされている。このことも、あまり新聞記事にならない。でも、私たちはみんな、もう分かっているのだ。今の世界を覆《おお》っているこの大きな真実のことを。

それを私は、この本ではっきりと書く。近代ヨーロッパが作った偉大なる啓蒙思想（エンライトンメント enlightenment）と、社会契約説（ソウシアル・コントラクト social contracts）が打ち立てたのが、①人権の思想、②平等の思想、③人種差別をしない思想、そして④がデモス・クラティア（民主政体 ✖民主主義）の制度思想である。

この4つを強く疑う時代に人類はついに突入したのである。それが今、アメリカの国家分裂の問題の主眼、中心にせり上がっている。トランプを強く支持する白人中産階級と下層の白人大衆は、「もう私たちは正直になる」といって戦いを始めた。

これらのことを、この1冊の本に細かく書いて、凝縮《ぎょうしゅく》して皆さんに教える。この本を、ただのアメリカ政治評論本などと思ってはいけない。人間（人類）を支えているのは思想《ソート》や理念である。それが現実に深く投影されて、この世の中のさまざまな争いや苦しみ、悲しみを作っている。

2024年10月

副島隆彦

第2章 アメリカを引き裂く善人と悪人の闘い

第3章 トランプ勢力が目指す真のアメリカ革命

第4章 権力とカネを握り続けるディープステイトの恐ろしさ

第5章 キレイごとがイヤになったアメリカ人の本音

第6章　トランプ側近の重要人物14人の知られざる素顔

装丁　大谷昌稔
DTP　茂呂田剛（エムアンドケイ）
写真提供　共同通信イメージズ
P27（左）、57
アフロ
P5（背景）、9、29（右）、45、49、51、61、69、89、103、111、151、213、221

第1章 トランプ殺害未遂事件の恐るべき真実

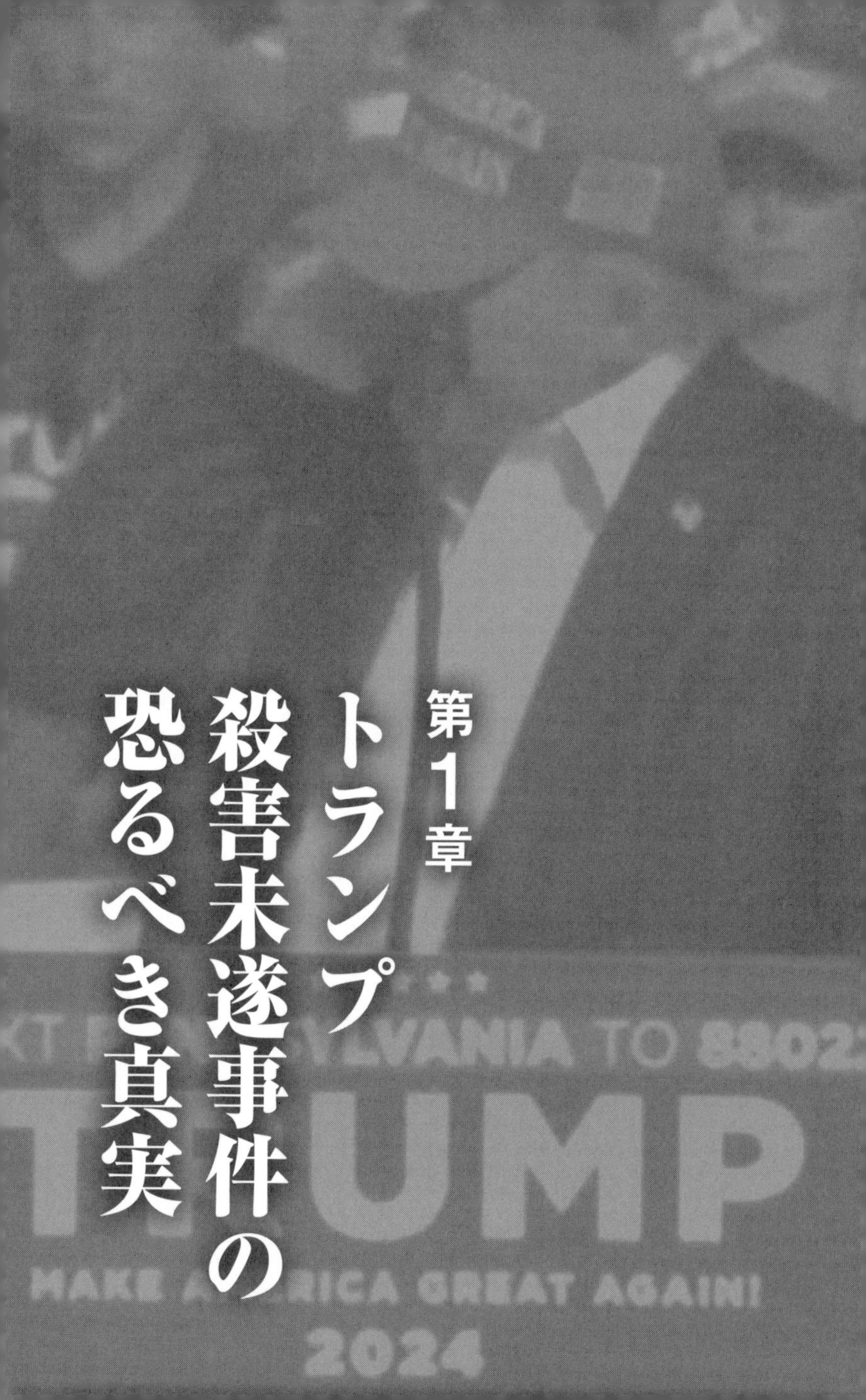

トランプ暗殺未遂は「国家犯罪」である

7月13日のトランプの暗殺未遂の事件から3カ月が過ぎた。あれはアメリカの権力組織が総力を結集して作戦を練って実行した権力犯罪《けんりょくはんざい》（power crime パウア・クライム）であり、国家犯罪（state crime《ステイト・クライム》）である。そしてトランプ殺害に大失敗した。この大失策は、あとあと世界史に影響を与える。しかし犯罪の実行者たちは、もう何も無かったこととして、体制メディアも全く取り上げない。

このことが私は不愉快だ。日本国内でも、もうこのトランプ銃撃は忘れ去られたようになっている。

犯行は米共和党大会（リパブリカン・ナショナル・コンヴェンション）の2日前に用意周到に行われた。「トランプさえ殺せば、あとの連中は抑えつけることができる」という考えで実行された。そして大失敗した。アメリカのペンシルベニア州の小都市バトラー（ピッツバーグの北70㎞）で起きた。このドナルド・トランプへの銃撃（gun shot ガン・ショット）

7月13日のトランプ暗殺未遂の真実は、ディープステイト側が総力を結集して（FBIが実行部隊の主力）周到に準備して行ったトランプ殺害計画だった。それが大失敗した

7月13日のトランプ銃撃は、「トランプを絶対に殺せ。これ以上、生かしておくな。確実に仕留めろ」という、大きな意思一致による国家犯罪、権力犯罪（power crime、パウア・クライム）だ。

だが、トランプの頭を打ち砕くはずだった狙撃者（スナイパー）による銃弾は、1㎝外れて無様《ぶざま》にも失敗した。これは、ディープステイト独裁にとっては大きな痛手だ。

今はもう、このトランプ殺害失敗の話は全くしないことになっている。「そんなの有りましたか？」という感じだ。本当に卑劣なやつらだ。

を私は歴史に残すために、ここに真実を書き留める。

演説会場から、わずか148ヤード（約140m）しか離れていない建物の屋上から狙《そ》撃《げき》されている。20歳の青年による単独犯とされた。国家公務員である大統領警護隊（シークレット・サーヴィス）の責任が問われた。このシークレット・サーヴィスの内部に実行犯である真実の狙撃者がいた。この者は逃げ去った。だから、国家警察官自身が犯罪者である。トランプ暗殺は、バイデン政権自身が計画し実行した国家犯罪だ。

現場で8発、銃声が聞こえたとされるが、私が現場のニューズ動画を見た感じでは、もっと自動小銃の銃撃音が続いている。現場に残されたのはAR（エイアール）15という半自動（セミオートマチック）ライフルだ。直径5・4㎜の小さな銃弾だ。専門の殺し屋たちであるスナイパー（sniper 狙撃者）が使う高性能の狙撃銃とは違う。それでもAR15ライフル銃の破壊力は強くて、銃弾が当たると人間の脳を吹き飛ばすそうだ。

トランプたち共和党が、このAR15ライフル銃の販売を認めていたので、バイデン民主党は、このことを問題にしようと殺害事件を企画した。

トランプは、銃弾があと1㎝ずれていたら脳に当たって即死していた。真実の銃弾は倉庫の屋上からではなくて、P25に載せた写真にはっきりと写っている給水塔（water tower

ウォータータワー）から発射された。距離は倍の280ヤード（約260m）である。実行犯に仕立てられた青年は、即座に射殺され証拠湮滅《いんめつ》された。射殺したシークレット・サーヴィスの男の写真も、かけつけた消防署員のハンドカメラに写っていた。新聞記事を2本載せる。

「トランプ氏「右耳の上部を貫通する銃弾を受けた」SNSで事件の状況を説明」

11月5日の米大統領選で返り咲きを狙《ねら》う共和党のトランプ前大統領（78）は7月13日、東部ペンシルベニア州で開いた集会での発砲事件について「右耳の上部を貫通する銃弾を受けた。大量に出血し、何が起きたか理解した」とソーシャルメディアで述べた。

（2024年7月14日　産経新聞）

「「屋上からトランプ氏狙撃」目撃者がメディアに語る
不審者情報伝達も犯行防がれず」

米共和党のトランプ前大統領が11月の大統領選に向けた選挙集会で発砲を受け負傷した事件で、英BBC放送は7月13日、現場近くの建物の屋上にライフル銃を持った男がいるのを目撃した男性のインタビューを放映した。男性は、「銃を持った不審な男がいることを付近の警官やシークレット・サーヴィス（大統領警護隊）に伝えたにもかかわらず、犯行は防がれなかった」と語った。

男性は、トランプ氏の演説が始まった数分後、男が建物の屋根にライフルを持ってよじ登るのを見つけて警官隊にその情報を口頭で伝え、男を指さして離れた場所にいる警護隊に警戒を促した。しかし、その後もトランプ氏の演説は続けられ、数分後に5発の銃声が響いた。直後に男は駆けつけた要員によって射殺された。

（2024年7月14日　産経新聞）

アメリカは、これから政治の動乱《どうらん》状況に入る。アメリカ動乱を、英語で何と言うか。こ

トランプ殺害の真犯人は演説会場で給水塔からトランプめがけて銃を撃った

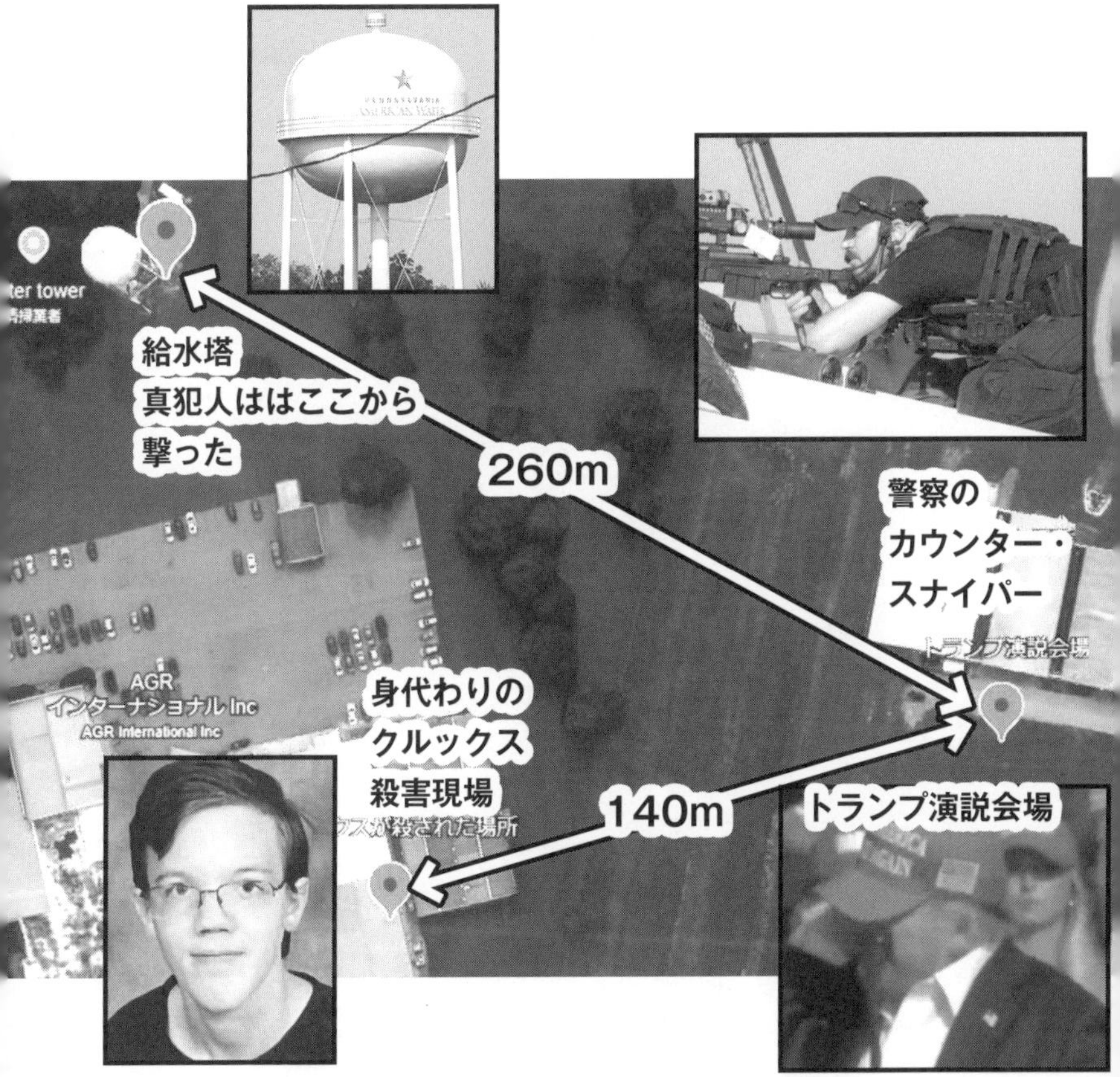

トランプ殺害未遂事件から3日後の7月16日、X(旧Twitter)に現場の現場の目撃証人の言葉が投稿された。それによると、真実の狙撃者は倉庫の屋根からではなく、その北側の背の高い、見晴らしの取れる給水塔の上から狙撃した。バイデン政権が真実をもみ消した。

こで civil war（シヴィル・ウォー　市民戦争、内乱）を使うと、これは組織された軍隊、あるいは銃を持った市民の軍事組織どうしによる戦闘でないといけない。
まだその一歩手前だから、civil strife「シヴィル・ストライフ」の段階だ。strife ストライフ（闘争）は、struggle ストラグル（闘争、もがき苦しみ）と似ているが、別の政治学用語だ。アメリカ合衆国は、今、この「市民戦争一歩手前」のシヴィル・ストライフに突入した。

トランプ銃撃事件は安倍晋三殺しと一緒

アメリカ社会に、大きな動揺と不安（unrest アンレスト）が広がった。

トランプ銃撃は、「トランプを絶対に殺せ。これ以上、生かしておくな。確実に仕留めろ」という、大きな意思一致によるＦＢＩ《エフビーアイ》（連邦犯罪捜査局 Federal《フェデラル》 Bureau《ビューロウ》 of《オブ》 Investigation《インヴェスティゲイション》）とＤＨＳ《ディイエイチエス》（国土安全保障省 Department of Homeland《ホームランド》 Security）を実行部隊とする権力犯罪（power crime パウア・クライム）だ。

バイデン政権と、それを上から動かす The Deep State ディープステイトを構成する超《ちょう》

トランプ暗殺未遂は安倍晋三殺しと同じだ。どちらも大きなコンスピラシー（権力者たちによる共同謀議《きょうどうぼうぎ》。権力犯罪）である

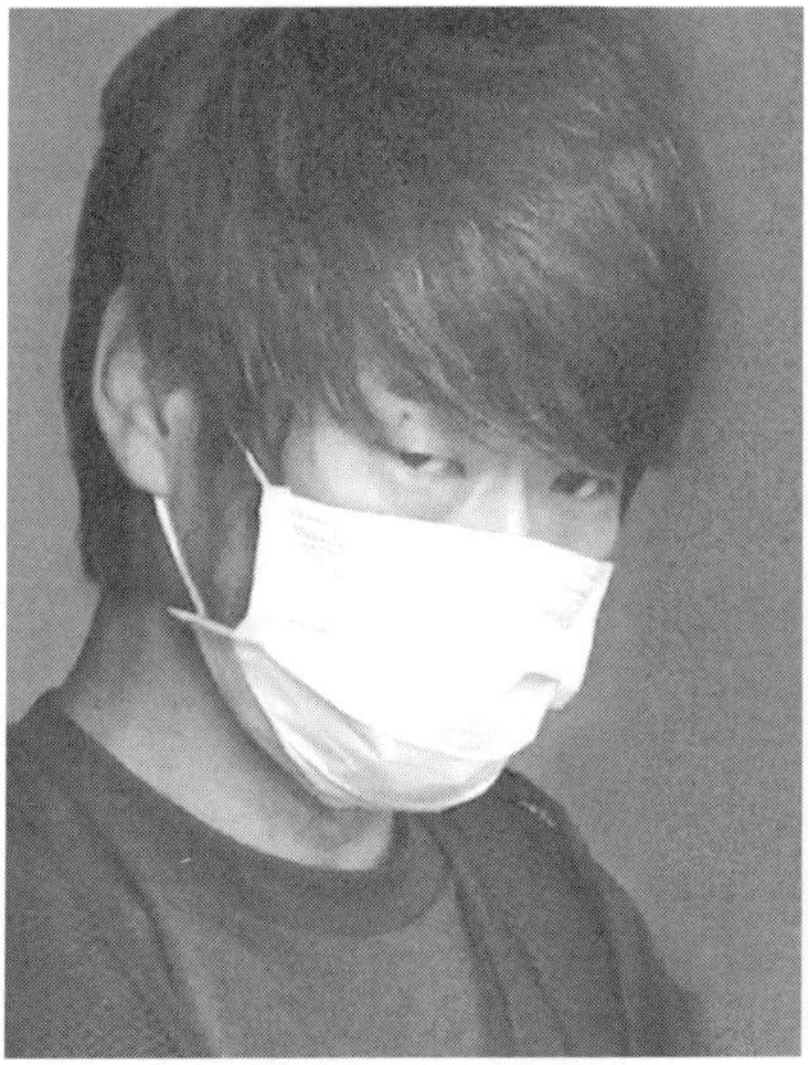

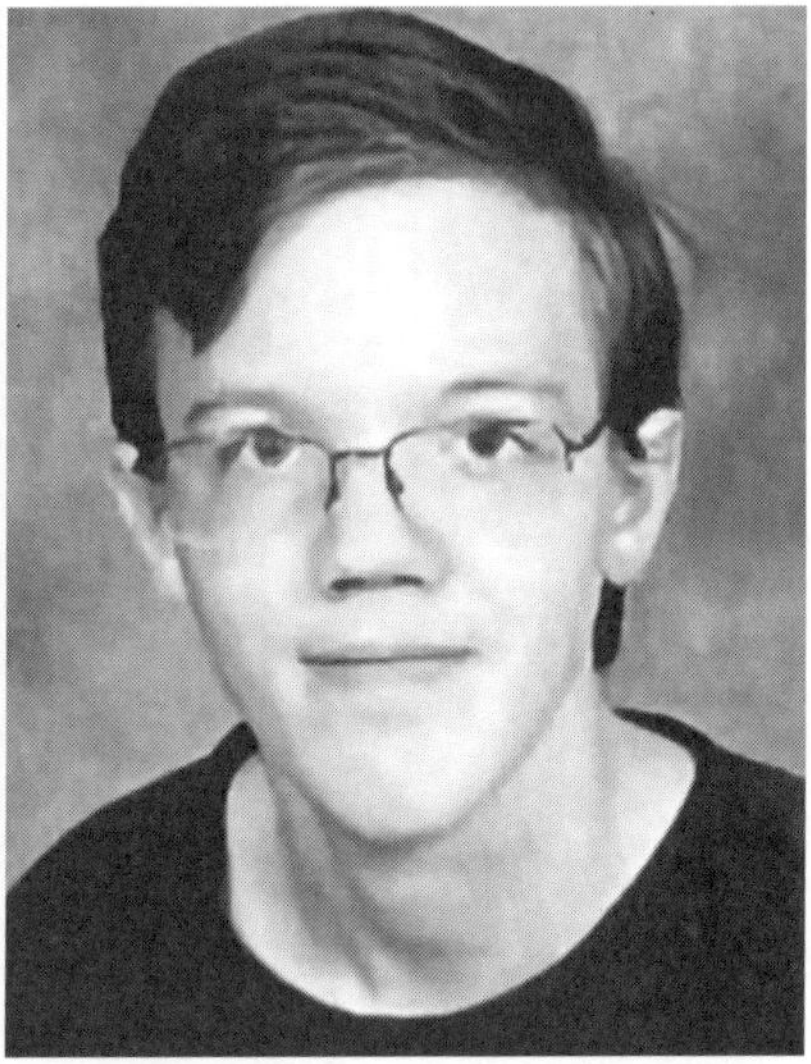

安倍晋三を殺したことになっている山上徹也《やまがみてつや》（今44歳）はクルックス同様、仕立てられた犯人だ。山上が安倍晋三を撃った手製の銃と弾《たま》は、船舶に積んでいる海難救助用の発煙筒だ。大きな音がして煙が出ただけだ。だから、他の誰にも弾が当たっていない。安倍晋三に当たったはずの銃弾自体が発見されていない。

あれから２年経つが、山上の裁判をやらない。重大事件の公開裁判（公判）もやらないで、これで、よくも近代国家の先進国だと名乗れるものだ。このことを不思議に思う国民が少ない。何なのだ、この土人の国は。山上は今も大阪拘置所にいる。

財界人たち（世界規模の大富豪たちの連合体）と、軍産《ぐんさん》複合体と、エリート法曹（legal guild リーガル・ギルド）の総意の決断によるものだ。20歳のガキが、1人で出来ることではない。日本の安倍晋三殺しと全く同じだ。「トランプを今、殺害すれば、このあと何が起きようが、トランプ支持派の国民が怒って激しい抗議行動を起こしても、すべて警察力と軍事力で、州ごとに鎮圧し、粉砕して、押し潰《サブジュー》すことが出来る」という大きな決断の上によるものだ。

だから、トランプを警護していた Secret Service（シークレット・サーヴィス）の全員が、トランプの暗殺計画を知っていた。銃撃直後に、トランプの体を庇《かば》って囲んだ警護隊員たち自身も、トランプはこの時、暗殺される予定なのだと全員知っていた。彼らは全員交代させられた。

シークレット・サーヴィスというのは、そういう集団だ。まさしく、Men in Black「メン・イン・ブラック」（黒ずくめの男たち。よく映画にもなる）だ。彼らは、国家の暴力装置だから、非情に徹してロボットのように上官の命令に従う。この国家警察隊全体が、FBIと共同でトランプ殺害を実行して、そして大失敗した。

シークレット・サーヴィスの女の長官キンバリー・チートル Kimberly Cheatle が、議

この男がクルックスを射殺したトランプ警護のシークレット・サーヴィスだ。駆け付けた消防隊員のボディカメラに映っていた

下院の調査委で、シークレット・サーヴィスの女の長官 Kimberly Cheatle キンバリー・チートル（右）が、「トランプ氏銃撃は“重大な作戦上の失敗”、チートル警護隊長官（女）が落ち度を認める」（ロイター、7月22日）。

一体、何が“作戦上の失敗”なのか。これでは、「自分たちのトランプ殺害計画の実行の失敗」になる。

会に呼び出されて証言して「トランプ氏銃撃は重大な作戦上の失敗、チートル警護隊長官が下院議会の調査委で落ち度を認める」（ロイター、7月22日）とある。

一体、何が「作戦上の失敗」なのか。これでは、「自分たちのトランプ暗殺計画自体の実行の失敗」というふうに、どうしても取れる。作戦失敗は、トランプ大統領の警護係としての職務遂行の失敗、とは読めない。真実は皮肉《ひにく》に満ちている。

何ということだ。人類の歴史の重大な政治事件は、常にこのような謀略《ぼうりゃく》に満ちている。大統領警護隊（シークレット・サーヴィス）の上級監督庁である国土安全保障省（デパートメント・オブ・ホームランド・セキュリティ、DHS《ディエイチエス》）、それとFBI（連邦〈犯罪〉インヴェスティゲイション捜査局。クリストファー・レイ長官）が綿密《めんみつ》に連携して、国家警察が総力を挙げて周到に準備した。共和党大会の2日前の計画犯罪であった。そして見事《みごと》に失敗した。

こうなると話がメチャクチャになって、自分たち自身が犯罪者として一体、何をやったのか、の内部での責任追及の問題となる。連邦犯罪捜査官たちが犯罪者なのだから。

ディープステイト側は大混乱だ。これには、CNNやNYT（ニューヨークタイムズ紙）などの体制派メディアも、そのグル（ープ）だから、ここも困惑《こんわく》の極《きわ》みに陥った。ワルた

クルックスという20歳のガキが、実行犯のはずはない。現場でシークレット・サーヴィスの男（P29）が射殺した。死体とAR15ライフル銃以外に証拠はない

――米メディアは、事件後に警護隊に射殺された男は、現場のバトラーから約80キロ離れたベセルパーク出身のトーマス・マシュー・クルックス容疑者（20）と特定されたと報じた。事件の動機は分かっていないが、米ABCは、単独で犯行に及ぶ類型の事件ではないか、とする当局者の当座の見立てを伝えた――（2024年7月14日 朝日新聞）。

こうした虚偽（false）と捏造（fake）の報道を否定し、打ち壊して、副島隆彦は真実を書く。私だけは騙《だま》されない。

ちの巣窟《そうくつ》は悪《あく》で満ちている。

トランプが射殺されてドタッと横たわるはずの死体を撮影するために、演壇のすぐ下に配置されていた、エヴァン・ヴッチ Evan Vucci というAP通信のカメラマンが、星条旗の下で、「闘うぞ（ファイト）！」と拳《こぶし》を振り上げる歴史に残る写真を撮ってしまった。全く笑い話を通り越す実話である。今のAP通信は統一教会（Moonies ムーニー）に乗っ取られた通信社だ、という噂《うわさ》のとおりである。このことは世界基準で囁《ささや》かれていることだ。

それから、演壇のトランプのすぐ後ろに座っていた、赤いトランプ帽を被《かぶ》った女が、FBIの副長官の女だ、と確認されている。

「トランプを絶対に殺すんだ」と決めていた者たち。そして、それを暗黙で強く支持していた者たち。それは、属国（朝貢国《ちょうこうこく》）の日本国内にも、たくさんいる。彼らの大《だい》失望、超《ちょう》ガッカリまでを、私は肌で理解できる。

それでだ。トランプ側の、善良な、正義を愛する多くの温和な者たちは、どうするのか。彼らは、善良な、善人、いい人たち（good guys グッドガイ）である。この者たちの大半は、ポカーンとなって、言葉を失って、ただ「トランプが殺されなくてよかったー」と涙を流

APのカメラマン、エヴァン・ヴッチが、トランプの即死体の写真を撮るためにすぐそばに配置された

ヴッチはピュリッツァー賞を3回受賞。この男が所属するAP(エイピー)通信はムーニー(Moonies、統一教会)に乗っ取られたという噂は本当だ。トランプが頭を撃ち抜かれて即死する瞬間を撮影する任務で、演台のすぐ下にいることが許された。ところが、こいつはトランプがSS(笑)の制止を振り切って拳《こぶし》を突き上げる「歴史的写真」を撮ってしまった(笑)。

しながら言い合った。それだけだ。それ以上、今は何もできない。

アメリカの中西部《ミッドウエスト》に広がる「バイブル・ベルト」（聖書を信じる人たちの地帯）の福音派《ふくいんは》（Evangelical エヴァンジェリカール）と呼ばれるカルヴァン派やルター派の熱心なキリスト教徒たちは、「トランプは神《ゴッド》に愛されているから、死ななかった。神がトランプを守った」と、心底から信じた。このことからもトランプ派国民（トランプ勢力）の団結は固い。だが信仰心の篤《あつ》い者たちは、静かに祈ることしかできない。

民衆の側は、合法的（lawful ラーフル）にしか動けない。シークレット・サーヴィス（国家警察の一部）は、トランプを私的に警護してきた長年の忠実なボディ・ガード（拳銃を携帯できる）たちでさえ、トランプに近寄らせなかった。彼ら自身が犯罪者だ。

真犯人（犯罪者）は、何食わぬ顔をして、主人公のすぐ近くのすぐ隣《となり》に立っている。これが英ミステリー小説（アメリカではディテクティブ〈探偵《たんてい》〉小説）の真髄《しんずい》だ。人間世界を貫く真実だ。

それでも、この国家犯罪事件の背後で、本当に怒っている堅い信念のトランプ派の者たちは、じっと堪《こら》えて、黙って、自分の家にある自分の銃（ライフル銃の猟銃）を、黙々と磨いている。やがて、内戦（Civil War シヴィル・ウォー 市民戦争。同国民どうしの戦争）に備えて準備を始めた。これが今のアメリカだ。アメリカ民衆の底力《そこぢから》だ。

性懲りもない2度目のトランプ殺害未遂

どうしてもトランプを亡き者にしたいディープステイトは、性懲りもなくトランプの命を狙った。ＦＢＩもＤＨＳも7月13日の〝大失敗〟の雪辱を果たしたかった。ところが、またしても失敗に終わった。記事を載せる。

「トランプ氏、再び暗殺未遂　ゴルフ中警護が発砲、本人は無事　銃で狙った58歳男拘束・米」

米南部フロリダ州のゴルフ場で9月15日午後1時半ごろ、ゴルフをプレー中だったトランプ前大統領を警護していた大統領警護隊（シークレット・サーヴィス）が発砲した。トランプ氏が銃で狙われていたためで、連邦捜査局（ＦＢＩ）は暗殺未遂の可能性があるとみて捜査している。トランプ氏にけがはなかった。

米メディアによると、当局は付近から逃走したライアン・ウェスリー・ラウス容疑者（58）を拘束、銃の不法所持の疑いで訴追した。ニューヨーク・タイムズ紙（電子版）は同容疑者について、元建設労働者で、2022年2月のロシアによるウクライナ侵攻開始後に同国に渡り、支援のため数カ月滞在していたと報じた。軍歴はないという。

トランプ氏は事件後に声明を通じ「私は無事で元気だ」と強調。11月の大統領選に向け、選挙戦を継続する意向を明らかにした。同氏は7月、東部ペンシルベニア州バトラーで開かれた選挙集会で演説中に銃撃され、右耳を負傷していた。

事件が起きたのは、トランプ氏がフロリダ州ウエストパームビーチに所有するゴルフ場。警護官が銃を向けている容疑者に気付いて4～6回発砲した。容疑者が銃撃に及んでいたかどうかは不明。容疑者は車で逃走したが、地元当局が発見し、高速道路上で拘束した。

（2024年9月16日　時事通信）

このラウスと言う男は、カマラ・ハリスの演説会場の動画に映っていた。また、ウクライナの狂暴なネオナチのテロ組織であるアゾフ大隊《バタリオン》を支持する動画を投稿していたという。

ポピュリストこそがアメリカ政治の伝統である

「アメリカは国家分裂（日本では分断がよく使われる）が進んでいる」というコトバは、今では日本のテレビ、新聞も言うようになった。

このコトバを使わないと、アメリカ政治評論は成り立たないからだ。

英語で、America is divided.「アメリカ（合衆国）・イズ・デヴァイデッド」と言う。私、副島隆彦は、もう20年前から自分のアメリカ政治評論の本でこのコトバを使ってきた。アメリカ国内は国論《こくろん》が分裂して、ひび割れている。激しくいがみ合って、憎しみ合っている。話が全く合わない。もう折り合うことは出来ない。分裂するしかない。

現状は、このアメリカの国家分裂をさらに細分化したコトバとして、「アメリカ・イズ・フラクチュアード fractured」という言葉がぴったりである。このフラクチュアードというのは、骨折の時に使う。裂け目、割れ目が出来て、砕《くだ》ける感じだ。物体がバキッと壊れる break ブレイクに近い。

アメリカ人どうしの考えが合わないで、もはや修復困難なところにまで来た。アメリカの power structure パウア・ストラクチュア 国家基本構造そのものが、もう壊れている。

　だから、もうすぐアメリカ合衆国は、今の連邦制度《れんぽうせいど》である the united states ザ・ユナイテッド・ステイツ（連合した諸国、50の州《ステイト》）が壊れる。南の大きな州であるテキサス州（人口３０００万人）に、公然と「テキサス独立運動」（Texas Nationalist Movement TNM《ティエヌエム》）が沸き起こっている。賛同者たちが馬で行進している。

　その周辺の州（国《ステイツ》）たちも、「もう、連邦政府（federal government フェデラル・ガヴァーンメント）に属していたくない。我が州は国家（state ステイト）として独立する」と、最近、東部のバーモント州までが言い出した。

　そして中央部に、かつての南北戦争（１８６１～65年）の時の11州から成る南部連邦《なんぶれんぽう》 The Confederation「ザ・コンフェデレイション」が復活しつつある。

　トランプは、銃撃された直後、「待て、待て」とトランプの体を防護した警護隊を制止して、そのあと、手を振り上げて、「（私たちは）闘うぞ、闘うぞ、闘うぞ」"Fight, Fight, Fight" と、言い続けた。これが、アメリカの政治の伝統の populist ポピュリスト、民衆《みんしゅう》主義者の姿だ。

アメリカの歴史の中で、どれくらいポピュリストたちが、民衆の圧倒的な支持と強い熱気に支えられて、首都ワシントンにまで攻め上がろうとしたか。日本人は、誰からも教わっていない。誰も教えることが出来ない。私、副島隆彦だけが、この40年間、自分のアメリカ政治研究の本たちで、書いて教えてきた。

●ヒューイ・ロング　Huey Long
アメリカの真のポピュリスト。ルイジアナ州知事から上院議員に。そして大統領を目指した。1935年に暗殺された

●ウイリアム・ジェニングズ・ブライアン　W. J. Bryan
確実に大統領になれると言われ。3度大統領選に出た。金融財界人たちと闘い続けた政治家、演説家、宣教師

●チャールズ・カフリン　Charles Coughlin
神父。金・銀の政府管理と金・銀貨鋳造を民間人が誰でもできることを提案した

●ヘンリー・ジョージ　Henry George
農民、貧しい市民たちへの土地開放主義者

彼ら、人民主義者（ポピュリスト）、ピープル主義者たちの闘いの歴史を、今も日本人は誰も知らない。

トランプが、ホワイトハウスの応接室の壁にいつも飾っていた（P151）、第7代大統領のアンドリュー・ジャクソン Andrew Jackson（在1829〜37年）が、どんなにワシントンの官僚主義と闘って、彼らを全員クビにしたか。かつ、「中央銀行を作るな。必ず民衆（国民）が巨大な財政赤字で結果的に支配されることになる」と唱えた。そして、実際にジャクソン大統領は、アメリカ中央銀行を廃止した。

これを Jacksonian Democracy「ジャクソニアン・デモクラシー」と呼ぶ。まさしくアメリカのポピュリズム思想である。

ところが、日本の新聞は、トランプも含めてポピュリストのことを必ず「大衆迎合《げいごう》主義者」と書く。このように、何が何でも必ず意図《いと》的に「迎合」と書き加える日本の大手新聞社の、アメリカの子分、手先をやり続ける花形記者たちを、私は、そのうち一斉に、名指しで一覧表にして糾弾《きゅうだん》し筆誅《ひっちゅう》を加えるつもりだ。

これがアメリカ史に残るポピュリスト populist たちで、民衆が熱烈に支持した政治家、人民《じんみん》主義者だ

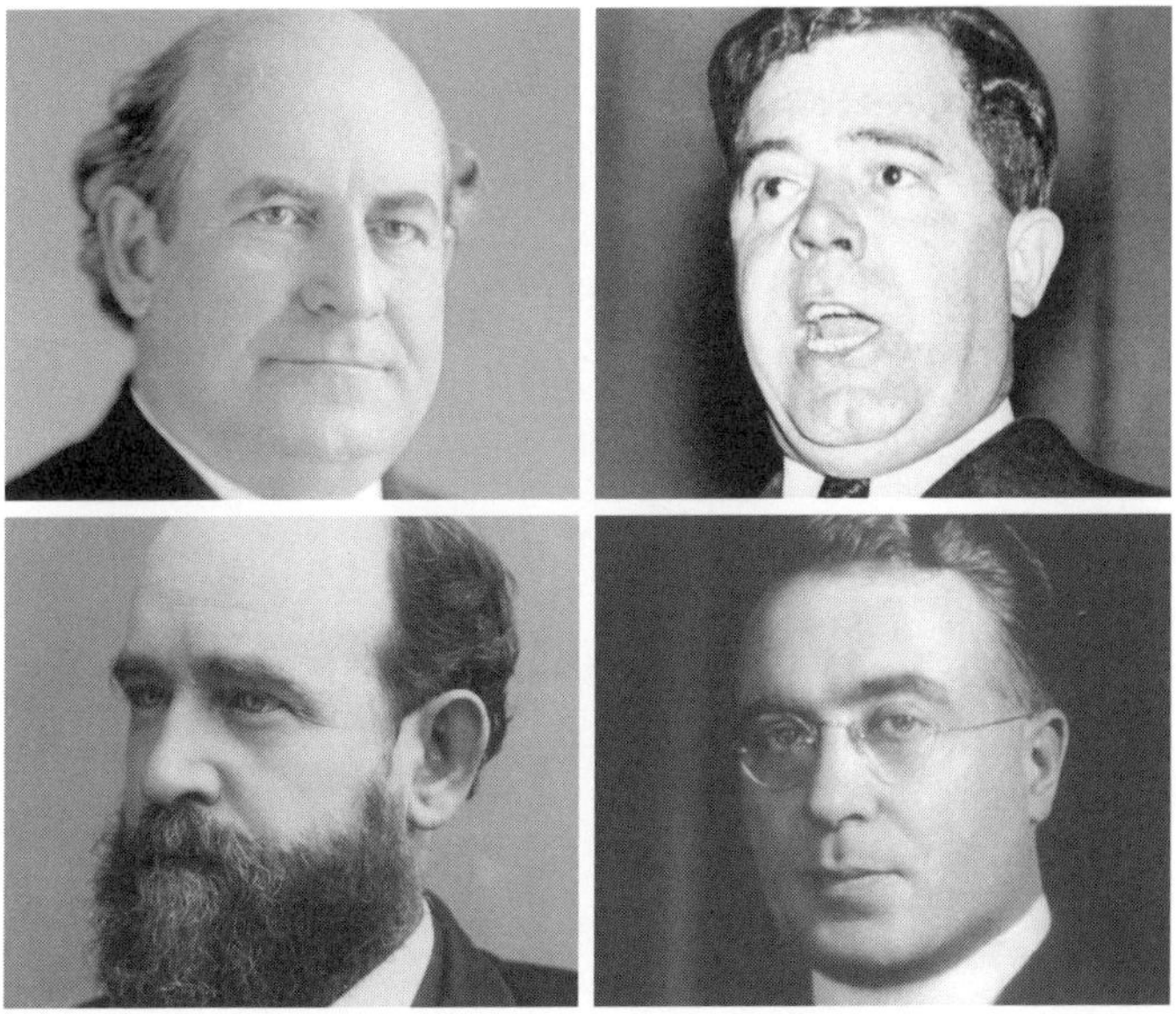

右上：ヒューイ・ロング Huey Long（1893～1935）。ルイジアナ州知事から上院議員、そして大統領を目指し、1935年に暗殺された。
左上：ウイリアム・ジェニングズ・ブライアン W.J.Brian（1860～1925）。確実に大統領になれると言われた。ニューヨークの金融財界人たちと闘い続けた民衆政治家、演説家、宣教師。
右下：チャールズ・カフリン Charles Coughlin（1891～1979）。金・銀の政府管理と民間での金・銀貨鋳造を提案した。
左下：ヘンリー・ジョージ Henry George（1839～1897）。農民や貧しい市民たちに土地を開放せよ主義者。

逃げ腰になったハリウッド

ドナルド・トランプは、今から8年前、2016年11月の大統領選挙に当選した。トランプはその前の闘いからずっと、このアメリカのポピュリズム（民衆支持《しじ》主義、人民《じんみん》主義）の思想に忠実であり、1度もアメリカ民衆の期待を裏切らなかった。妥協はしてもいつも潔《いさぎよ》い。

だからアメリカ民衆はトランプを、多くの試練に耐えた、自分たちの偉大なリーダー leader 指導者だ、と認めている。とくに、アメリカ軍人や軍人あがり（の老人たち。Veterans ヴェテラン）や警察署長（チーフ）レベルの人たちのトランプへの支持は堅い。

やがて2025年から、首都ワシントン特別区（DC《ディシー》、District of Columbia）と、ニューヨークに向かって直接の、政治的な要求の大きな抗議行動 protest rally プロテスト・ラリーが自然発生的に起きるだろう。アメリカ国民が自発的にこの動きに出る。それは組織的な動きの示威《じい》行動 demonstration《デモンストレイション》 ではない。

それに対してカマラ・ハリス政権は、アメリカ合衆国憲法を停止する戒厳令《かいげんれい》（martial

law マーシャル・ラー）を布告するだろう。まさしくディープステイト独裁（ディクテイターシップ）だ。

アメリカ民衆は、それと対決して、各州からの抗議の大きな集団となって、ワシントンとニューヨークの中枢に向かう。この時、トランプを支持する州の州知事（ガヴァナー）たちが、それとなく緩やかな許可を出す形で、州兵（ナショナル・ガード National Guard）ではないが、その一部である State Militia ステイト・ミリシア（自発的な民兵《みんぺい》組織）が部隊となって、初めて動き始める。

この武器を携帯した市民による軍隊が、アメリカ民衆の自発的な大きな抗議のラリー protest rally を防衛する形になるだろう。

これはアメリカ革命だ。

もうアメリカは、これまでのような、表面をうまく取り繕《つくろ》った平穏なやり方での国民政治は出来ない。政治動乱の国になる。そして、各州が連邦離脱《セセション》するので、今から始まる国家分裂によって世界帝国（世界覇権《はけん》国 the hegemonic state ザ・ヘジェモニック・ステイト）であることをやめてゆく。その地位から滑り落ちる。

俳優のジョージ・クルーニーは、ディープステイトに長年世話になったハリウッド映画産業界のスポークスマンのような立場だが、7月初めに、他のハリウッドの人間たちを誘って、「もう、バイデンは候補者をやめなさい」の声明を出した。この時、クルーニーは「もう私たちは外国に逃げよう。オーストラリアかな」と口走った。あるいは中央アジアの国の名も口にした。

ディープステイトの超《ちょう》財界人たちの世話になって育てられてきたハリウッドが今、逃げ腰になっている。

トランプ暗殺計画は、まさにコンスピラシーだ

今回のトランプ殺害事件には、このように事前からの計画、策略が有った。このことは誰もが感じることだ。「トランプさえ殺せば、あとは何とかなる」と、現状維持派、体制護持《ごじ》派 status quo ステイタス・クオー（これがディープステイト＝カバールの別名）は考えた。だから、この暗殺計画は当然にコンスピラシー conspiracy である。内部から、今後その証拠がボロボロと出て来る。

カマラ支持のテイラー・スウィフトはディープステイトが造《つく》った偶像《ぐうぞう》。身長180㎝のアメリカ人好みの大女《おおおんな》。元々はカントリーの歌手。ド演歌である

左はテイラー・スウィフトの恋人でアメリカンフットボール、カンザス・シティ・チーフスのスター選手、トラヴィス・ケルシー。トラヴィスの身長は195㎝という。この大男と大女のカップルは、ペンタゴンとNFLが作り上げたフェイク・カップルと言われている。全ては仕組まれたヤラセだ。日本の大谷翔平も同じだ。

このコンスピラシーを「✖陰謀《いんぼう》」などと訳すな！

私はこのことを何度でも書く。

「それは陰謀論だよね」と言うのは、誤訳を通り越して、そのように言うお前たちの存在そのものの悪《あく》を表す言葉だ。だから、私、副島隆彦は、このコンスピラシーは、「権力者たち自身（裁判官や警察制度、メディア報道機関までも含める）が実行する共同謀議《きょうどうぼうぎ》である。だから、簡単には真実は明らかにならない」と言い続けてきた。まさしく権力《パウア・クライム》（者）犯罪だからだ。

だから、この conspiracy《コンスピラシー》 theory《セオリー》 を、✖陰謀論ではなくて ○権力者共同謀議（は有る）理論と訳せ、と私はずっと主張してきた。今度のトランプ銃撃、暗殺計画もまさしく権力者自身による犯罪であり、コンスピラシーそのものではないか。この事実から目をそむけようとする者たちは、全て私の敵だ。ディープステイトの手先どもだ。

トランプ支持者の大きな勢力は、すでに anger アンガー（心底からの怒り、激怒）の段階に来た。しかし、アメリカ国民総体としては、まだ、その手前の angst アングスト（不安、動揺、恐れ）の段階だ。それでもアメリカの一般国民も、このあと、いろいろ起きて、アンガー、angry アングリーの段階にまで来るだろう。その時アメリカは、本当に、動乱、内乱状態に突入する。

そうなったら、私たち日本人は、どうするのか。

私、副島隆彦は、日本の民間人国家戦略家（ナショナル・ストラテジスト）を自称してここまでやって来た。

私たちの日本は、アメリカ帝国の属国《ぞっこく》 a tributary state ア・トリビュータリー・ステイト、従属国、朝貢国《ちょうこうこく》のひとつとして、敗戦後の80年間を生きてきた。私たち日本人は、その所為《せい》で、この日本国の枠組み（フレイムワーク）、基本構造である、属国という額縁《がくぶち》から外側に出て自由にものごとを考えることが出来ない。その能力を奪われている。

「アメリカはこれから、どうなるの？」という素朴な日本人の呟《つぶや》きは、そのまま、「遠い国で起きたことで、他人事《ひとごと》だからどうにも出来ない。私はどう考えていいかも分からない」という反応になる。

この**「帝国―属国**構造」という世界政治の現実の冷酷な事実の土台から、私たち日本人は、アメリカ問題を考えなければいけないのだ。この「帝国―属国」理論を初めて書いて日本人に教えたのも私である。『属国・日本論』（初版は1997年刊。新版は2019年、

ＰＨＰ研究所刊）である。

ボビー・ケネディが見せた真のアメリカ人らしさ

ボビー（ロバート）・ケネディ・ジュニア（70歳）は、実にいい面構《つらがま》えをしている。長い風雪に堪《た》えた顔だ。父親のロバート・ケネディ（司法長官だった）が、大統領選挙に出馬した１９６８年６月５日に、伯父《おじ》のＪＦＫ（１９６３年11月22日暗殺）に続いてディープステイトの凶弾に斃《たお》れた。この時、ボビーは14歳だった。

それ以来の唯一のケネディ家の正義の男として、苦労を重ねて弁護士になり、そして近くは、コロナウイルスとワクチンの仕組まれた邪悪《じゃあく》を糾弾して、アメリカ民衆のために闘って来た。当然、ディープステイト側からは蛇蝎《だかつ》のごとく嫌われ、まさしく✖陰謀論者と呼ばれる。

そのボビーに、トランプが電話をかけた。自分が殺されかかった（７月13日）次の次の日だ。トランプは電話口《ぐち》で言った。

大統領選から撤退したロバート・ケネディ・ジュニア(70歳)は、民主党を「ディープステイトの党だ」と明言。トランプ支持へ

ケネディ元大統領の甥、ボブ(ロバート)・ケネディJr(父親も殺された。1968年に)は、8月23日、大統領選撤退を表明し、そのままトランプの集会場に現れた。2人は固く団結した。

ケネディはタッカー・カールソンのネットニューズ番組で「私たちが今直面している体制は、1776年に独立戦争で打倒した体制と同じだ。いまや逆転現象が起きている。共和党が労働者階級、中間層を代表する庶民の党となり、民主党はウォール街、軍産複合体、大手製薬会社、大手農業、大手ハイテク企業、大手銀行システム、そしてドナルド・トランプがディープステイトと呼ぶものの党となった」と明言した。

「ハイ、ボビー（2人は共にニューヨーカーだから昔から知っている）。オレも、お前の父さんと同じように、もう少しで殺されるところだったよ。クソ！　あいつらめ。だから、団結して一緒に仕事をしようぜ」と。

これを英語で、

“Oh, Bobby. I was almost killed, just like your dad was. So, let's work together.”

とトランプは言った。

これに対してボビーが心底《しんそこ》感じ入った。

「よし、分かった、ドナルド。考えるよ」と言って、それから約1カ月後の8月23日に、「自分は大統領選から撤退する。自分に投票する予定の人々の州ごとの登録《リスト》は、そのままトランプ支持《サポート》に移し替えてくれ」と言って、このことを集会で公表した。このあと、ボビーは同日にトランプの集会に合流して、2人は固く握手した。聴衆（参加者）から大歓声が上がった。

この感動が、本当の、真のアメリカだ。アメリカ人の偉大さだ。私たち日本人も、これ

ボビー・ケネディJrの父ロバート・ケネディ（JFKの弟）は1968年、ディープステイトの凶弾で斃《たお》れた

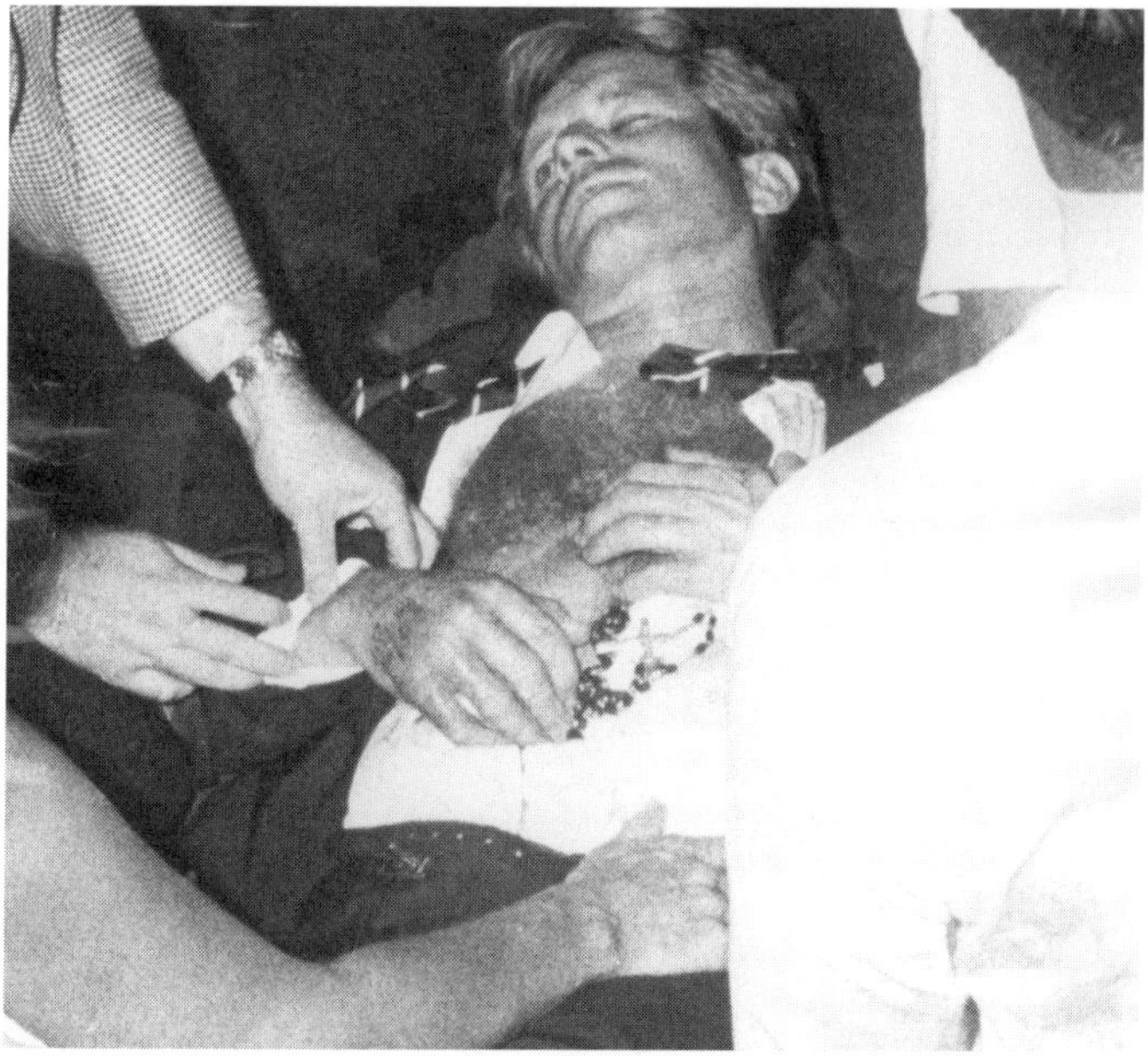

ロバート・ケネディ（1925～1968）は司法長官時代、マフィアの撲滅に努め、絶大な権力を誇ったワル中のワルのFBI長官（CEO）ジョン・エドガー・フーヴァーと闘い続けた。1968年6月6日、大統領選に出馬して暗殺された。兄のジョン・F・ケネディが暗殺（1963年）されてから5年後のことだ。

その息子のボビー・ケネディJrは、2023年4月19日に「800の在外米軍基地すべてを、ただちに閉鎖して、全て米国領土に帰還させる」と、大統領選の公約で宣言した。この勇敢さが本物のアメリカ人だ。殺されることを覚悟して闘う。

を見習わないといけない。このことを日本で唯一、日本人に正確に報告する（伝える）ために、私、副島隆彦が存在する。私も日本の持ち場で命を懸けて闘う。

善人と悪人の終わりなき対立

この世界は、いい人たち good guys グッドガイと、悪い人たち bad guys バッドガイの2種類に分かれる。人類は突き詰めれば、大きくは、この良い人と悪い人に分類、区別できるように出来ている。あまりにも単純で幼稚な分類（クラシフィケーション）だと思われるだろうが、やっぱり、この大きな2分法（ダイコトミー）に従うしかない。「グッドガイ（良い人たち）は、生来の悪人《あくにん》であり、悪者《わるもの》であり、人に悪いことをするバッドガイ（悪い人間たち）と対立する」と、大きくこの世の中（世界）を分かることは大事なことだ。

アメリカの空軍《エアフォース》と宇宙軍（スペイス・フォース）は強固にトランプ支持だ。それに対して、米陸軍《アーミー》はディープステイト側だ。米海軍《ネイビー》は、何と今も英国王（ディープステイトの本拠のひ

人類はどうやら「いい人たち」good guys《グッド ガイズ》と、「悪人《あくにん》、悪《わる》」bad guys《バッド ガイズ》の２種類に分かれる。突き詰めると、この両者の対立に行き着く

映画『ザ・ロード』(2009年)。大ハリケーン“カトリーナ”(2005年)の襲来のあと、崩壊したアメリカで、この世の地獄を味わい、生き残った人々は、ただひたすら南を目指す。

とつ）に忠誠を誓っているという。

トランプ勢力は、テキサス独立運動も巻き込んで、やがて国家分裂し、アメリカ中央国《セントラル》に結集する。そして、ディープステイト（世界の金融と大都市部を握る超《ちょう》財界人たち）からの支配を拒否する。アメリカのいい者たち good guys の国が出来る。この動きはもう、始まった。

私たち日本人も、日本国内にもいる悪者たち bad guys（その中心は反共《はんきょう》右翼と統一教会）と、現実の生活の中では共存しながら生きている。近い将来、ロシアと中国の力がもっと強くなったら、このままなるべく争わないで、彼ら悪人《バットガイズ》たちを国外に自発的に出て行くように促したい。200万人ぐらいだ。

ところがだ。この悪人《バッドガイ》たちの中の、企業経営の才能を持つ者たちを失うと、日本の経済繁栄と金融資本主義がどうも続かないようなのだ。このことを、私たちは心配しないといけない。

日本は、これからどうすべきか。

没落、衰退してゆくアメリカからどんどん離れて、出来る限りでの国家の独立の道を目指すべきだ。平和憲法を守って、何があっても（対外《たいがい》）戦争をしない、と固く誓って、核《かく》兵器保有など絶対にしないことだ。アジア人どうし戦わず、だ。

そしてロシアと中国を中心とするこれからの世界（人類史）は、ユーラシア大陸（ユーロとアジア）が中心となってゆく時代に向かう。だから、そちらと仲良くしてゆく道を真剣に考えるべきだ。

2024年4月に、サウジアラビアとUAE《ユーエーイー》（アラブ首長国連邦《エミレイツ》。ドバイ国やアブダビ国）が、「原油の決済を、米ドルだけに限る、という50年前（1974年から）の協定、条約を、更新しない。破棄《はき》する」と宣言した。こういう重要な動きが出ている。これで、現在の世界を支配している「修正金《きん》ドル体制」即《すなわ》ち「ドル石油体制」が終わりつつある。

これまでに日本の大企業の経営者たち（財界人。しかし、彼らは財閥の子ではなくて、有能なサラリーマン上がりたちだ）は、アメリカで、ずっとひどい目に遭《あ》っている。日本の大企《だい》業がアメリカで稼いだお金を日本に持ち帰らせない。どんどんアメリカ企業に、奇妙な形の合併で乗っ取られる。その代表がタケダ（武田薬品）だ。このようなひどい経験をしたので、よく分かっている。

日本の官僚組織のトップたちも少しずつ、アメリカから離れる準備をしている。ところが、中小企業の経営者たちがこの事実を知らない。反共右翼たちがここに溜《た》まっている。それでも自民党（ここは、まさしく多くの悪人 bad guys の巣窟《そうくつ》であり、その本拠なのだが）の中の、岸田政権（宏池会《こうちかい》）を作ってきた真面目で温厚なハト派の政治家たちは、これらのことをよく分かっている。宏池会は面従腹背《めんじゅうふくはい》で、アメリカとの関係の中で生きてきた。石破茂《いしばしげる》を支持している全国の各県の自民党員の中の、①生来の温厚な保守の経営者、金持ち層も健全である。彼らは②統一教会（反共右翼）に決して同調しない。企業経営者たちも①と②に分かれる。

岸田政権に、統一教会の解散命令を実行してほしかったが無理だった。石破政権（10月1日発足）に是非、やってもらいたい。統一教会の実質の頭目《とうもく》であった安倍晋三の射殺事件（2022年7月8日）のあと、統一教会（世界反共、勝共《しょうきょう》連合も。全員で60万人と識別《しきべつ》されている）の幹部たちを、警察は一斉に逮捕すべきだったのだ。それを邪魔した自民党内の者たちは、全て統一教会の勢力だ。

この者たちとの戦いは続いていく。これが今の日本国の最先端の課題だ。このことを故

私が応援する石破茂(67歳)が自民党の新総裁に選ばれた(9月27日)。日本人の本根《ほんね》が徐々に露《あら》わになる

9月27日に行われた自民党総裁選で、石破茂が新総裁に選ばれた。統一教会の手先である高市早苗と、頭が軽い、アメリカが新首相にもくろんだ小泉進次郎を破った。自民党のワルたちも、穏やかな保守(温厚な保守)の経営者や金持ち層の「石破を首相に」の声を無視できなかった。岸田派と二階派が支援した。

これで日本も最低2年は平和を守れる。林芳正《はやしよしまさ》が石破の次の首相となるべきだ。

意に、意識的に避けて議論しない者たちは、私たち日本人の敵だ。

日本の野党の、立憲民主（代表、野田佳彦）も国民民主（代表、玉木雄一郎）も、統一教会に潜り込まれて、執行部を握られている。残念ながら、これが真実だ。だから、今の野党を支持することは出来ない。野党は元々の、健全な日本民衆（労働者と低《てい》所得者層）の政党でなければいけない。急いで解体して、作り直さないといけない。

第2章 アメリカを引き裂く善人と悪人の闘い

トランプ勢力の中心となるヒルビリーたち

この本のタイトルに入っている「トランプ勢力」とは、どんな人たちを指しているのか。その中心勢力は、貧乏（だけれどもまじめな）白人たちだ。英語で poor white 下層白人と言う。差別語だが公然と使われる。全米のプア・ホワイトが真剣にトランプを支持し、支えている。

7月13日のトランプ殺害の大失敗からわずか2日後、共和党の党大会が始まった7月15日に、トランプのランニング・メイトとなる副大統領の候補者（キャンディデット）が発表された。選ばれたのは、JD《ジェイディ》ヴァンス（J.D.Vance　1984年生まれの40歳。オハイオ州選出上院議員）だ。

私は、このヴァンスが32歳の時（2016年）に出版した自伝（オートバイオグラフィー）を、2日間かけて読んだ。タイトルは Hillbilly Elegy『ヒルビリー・エレジー』（光文社）だ。日本でもアメリカ政治問題に関心のあるインテリ層、政治知識人たちは急いで皆、この本

JD《ジェイデイ》ヴァンス(40歳)は、“アメリカ貧乏白人層の星” rep《レップ》(resentative) of《オブ》 poor《プア》 white《ホワイト》である

7月13日のトランプ殺害の大失敗の2日後、共和党大会の始まりの日(15日)、JD(ジェイ・ディ)ヴァンスがトランプのランニング・メイトとなる副大統領候補者に選ばれた。ヴァンスは2003年に高校を卒業後、アメリカ海兵隊に入隊。2005年にイラクに派遣。除隊後、2009年オハイオ州立大学を卒業し、イェール大学のロースクールでJD(法務博士)を取得。ピーター・ティールが所有するベンチャーキャピタル会社で社長を務めた。2022年、トランプとティールの応援でオハイオ州の上院議員に当選。若くして苦労人である。

を読んでいる。私は、担当の編集者から借り出して読んだ。

　この『ヒルビリー・エレジー』のサブタイトルは、「アメリカの繁栄から取り残された白人たち」だ。ヴァンスの幼年、少年時代からの悲惨な体験を、克明に正確に描いている。実の母親が、薬物依存症《アデクテッド》で、麻薬の常習吸引者で、なかなか立ち直れず、ヴァンスが幼年期、少年時代に味わった苦難を正確に描いている。

　それなのに、この本は、抱腹絶倒の名文だ。プロウの小説家たちよりもうまい。日本語の本で読んでも、その上手さが伝わる。私は英語の原書を取り寄せて読んだが、元々の英文も簡潔で素晴らしい。このヒルビリー・エレジーは、2016年すぐにニューヨーク・タイムズでベストセラー入りした。

　その4年後の2020年に映画にもなった。日本では、ネットフリックスで見られる。私も、このアメリカ動乱本を執筆しているさなかに、映画版を見た。

　監督は『アポロ13』や『ダ・ヴィンチ・コード』のロン・ハワードだ。ちょっとディープステイト側のハリウッド監督だ。映画は、本（原作）に忠実にヴァンス一族の家族ドラマに焦点を当てた内容だ。下層白人層の真実に迫っている。ヴァンスの母親役のエイミー・アダムス、おばあちゃん役のグレン・クローズの演技が光っていた。

Hillbilly Elegyに描かれた貧乏白人たちこそが、アメリカ人の真の姿である

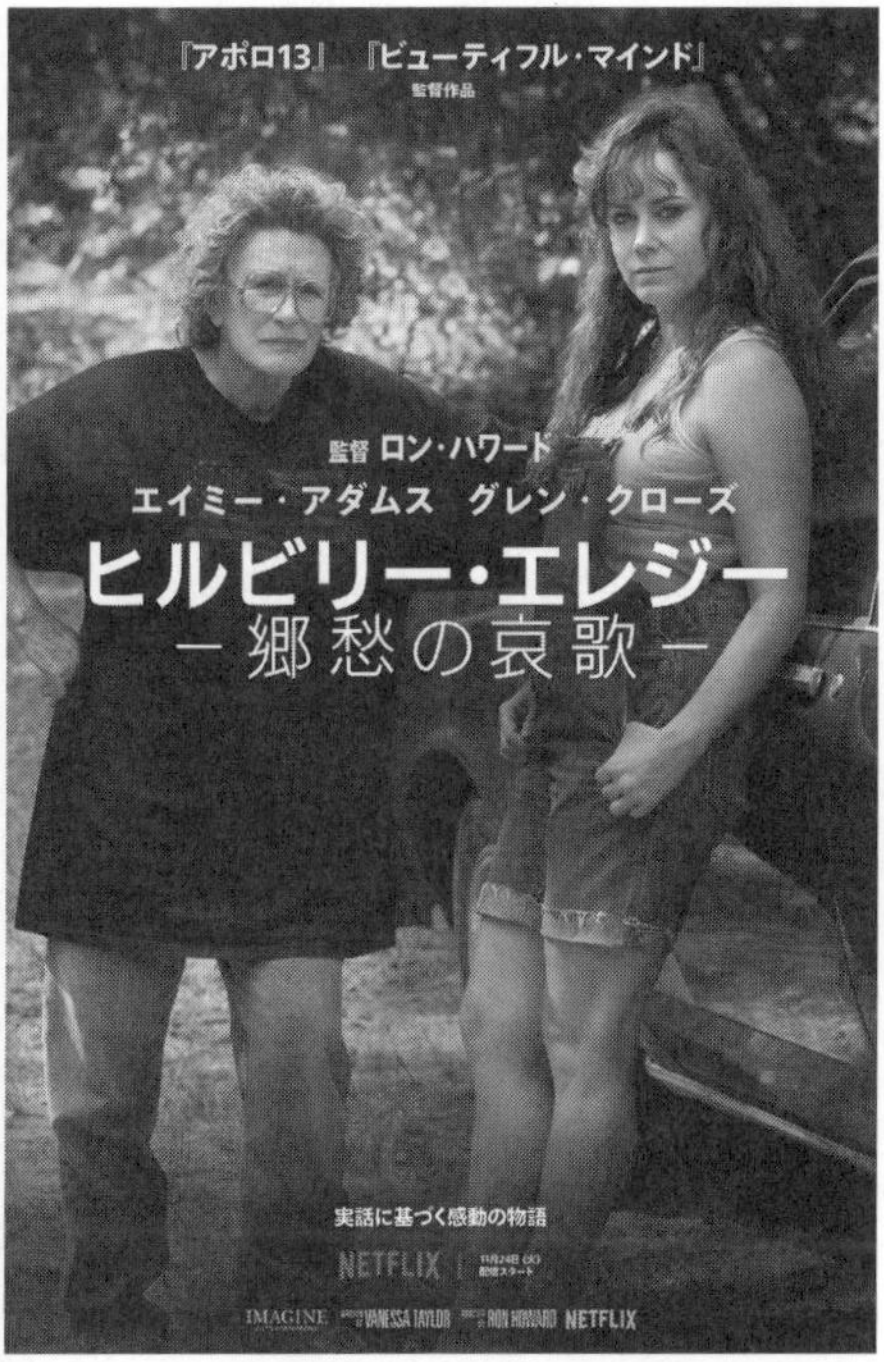

この『ヒルビリー・エレジー』(2016年)刊行時、JDヴァンスは32歳。4年後の2020年、Netflixで映画に。この本は、ヴァンスの実の母親が薬物依存症(麻薬の常習吸引者)で、なかなか立ち直れないので、幼少年期にヴァンスが味わった苦難を正確に書いている。それなのに、この本は抱腹絶倒の名文だ。

ヒルビリーとは、ケンタッキー州を中心にアパラチア山脈の中で暮らす、ドン百姓、田舎っぺたちのことだ。この人々のエレジー(哀歌)のすさまじさが、日本社会にもようやく伝わった。

ヒルビリー hillbilly とは、アメリカの中西部のケンタッキー州を中心に、アパラチア山脈の中で暮らす、ドン百姓、田舎《いなか》っぺたちのことだ。

彼らのルーツは、スコッチ・アイリッシュである。スコッチ・アイリッシュとは、元々スコットランドに住んでいたプロテスタント系の人々が、17世紀に北《きた》アイルランドに移り住み、アイリッシュと混血し、18~19世紀にアメリカに移住して来た白人たちだ。彼らはアパラチア山脈一帯に住みついた開拓農民だ。やがて炭鉱でも働いた。だから「山《やま》の民《たみ》」mountain man《マウンテン・マン》とも呼ばれる。

『ヒルビリー・エレジー』が描いたとおり、北に移動して製鉄所でも働いた。大酒を飲み、ドラッグに手を出し、家には必ず銃があり、よくトラブルを起こす。ヴァンスは、そうした人々を次のように書いている。

——それらは昔ながらの善と悪の物語であり、私の身近にいる人たちはつねに、善の側にいる——

ヒルビリーとは(呑《どん》百姓、田舎っぺ)白人(スコッチ・アイリッシュ)のことだ。アパラチア山脈とラストベルトにまたがる

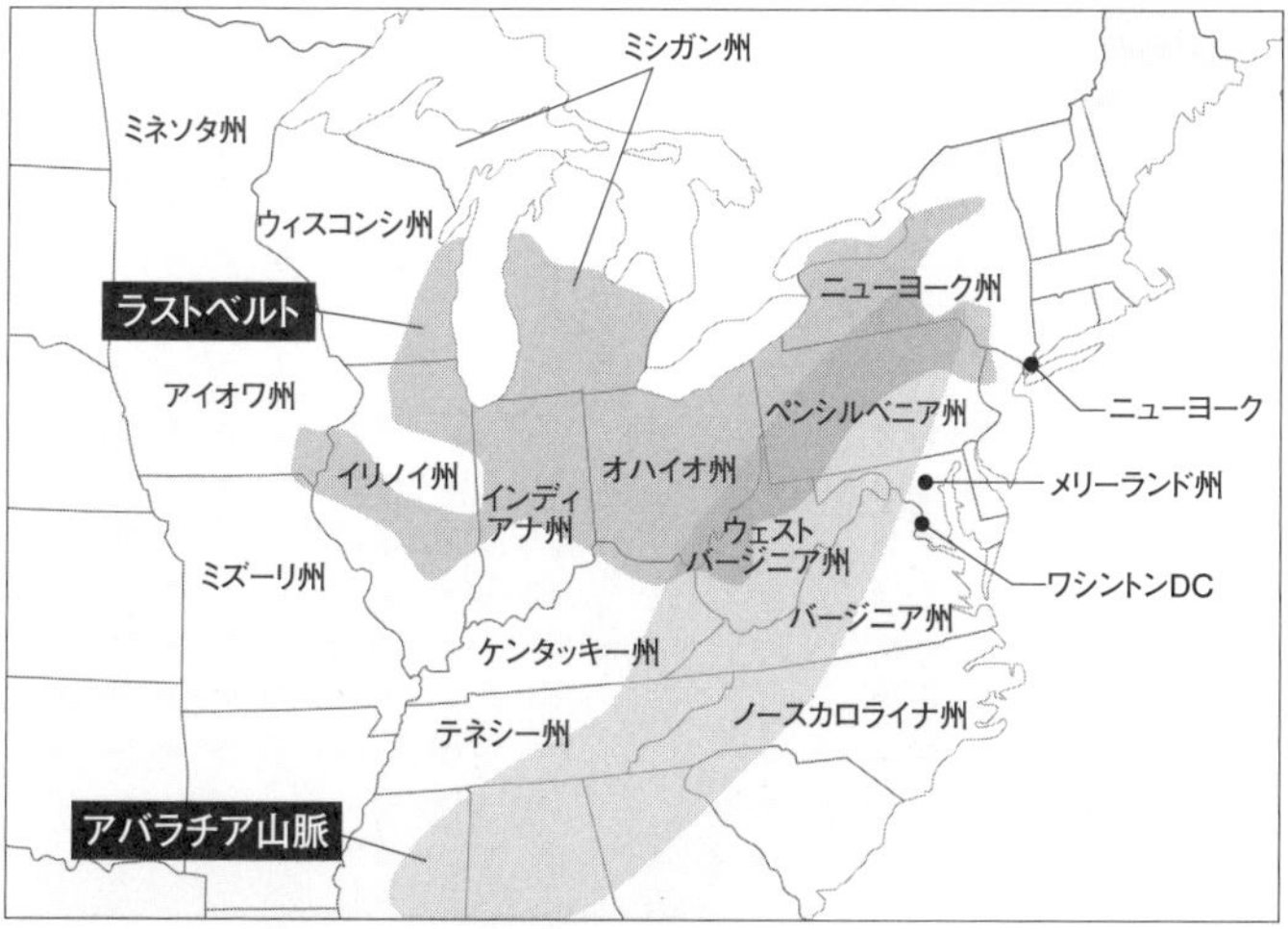

バンジョーなどをかき鳴らす田舎者の音楽は、初めはヒルビリー・ミュージックと言われた。しかし、「田舎者の音楽」ではあまりにもひどいので、カントリー・ミュージックに変わった。こぶしが利いた浪曲、演歌だ。テイラー・スウィフトも元はカントリー歌手である。そこからポップスに変わった。

ヴァンスにとって、自分が属する貧乏で荒くれ者のヒルビリーは、善良で「良い人」good guysだ、ということが重要だ。彼らからしたら、東部の大都会にいる政治権力者や超《ちょう》財界人たちは、「悪い人」bad guysなのである。悪人たちが推し進めた野放図《のほうず》な移民政策や経済政策で、自分たちの仕事が奪われ、そのために酒やドラッグに溺《おぼ》れる。

だから、「アメリカの大企業も国内に戻って来い。私たちは、貧乏でいいから、アメリカで平和に生きて行く」と。「世界中の外国に駐留している米軍を、自国の領土（太平洋ならグアムまで）に撤退させよ。金《かね》がかかって仕方がない。アメリカは世界の警察官（ワールド・ポリスマン）を、もう止《や》めるのだ」と言う。そして、トランプを強く支持し、東部《イースト》の威張《いば》り腐った連中からの国家分裂の動きを進める。

ヴァンスはトランプの真の後継者である

ヴァンスは2003年に高校を卒業した後、海兵隊（マリーン・コー marine corps）に入隊した。2005年から半年間、イラクに派遣され、広報（PA《ピーエイ》 パブリック・アフェアズ）を担当した。広報係は、1日に何枚もプレスリリースを書く必要があるので、機転が利い

トランプの優秀なスピーチ・ライターだったスティーヴン・ミラー（39歳）が、今もトランプ派の最高のイデオローグ。反《はん》移民（人種差別）の思想の先頭を切る

ミラーは徹底的な反移民であり、今の世界（大難）を「ゴグ（中国）とマゴグ（ロシア）の世界最終戦争」（新約聖書の「ヨハネの黙示録」にある）と考える。

て、文章がうまくなくては務まらない。ヴァンスは文才があった。

海兵隊を除隊した2007年、ヴァンスはオハイオ州立大学に入学。2年で卒業して、東部の名門の超エリート校のイェール大学のロースクールに入り、弁護士の資格を取得した。そこで、妻となるインド系のウーシャと出会った。そして、〝ペイパル・マフィア〟のドン、ピーター・ティール Peter Thiel が所有する、ファンド・レイジング（資金募集）をするベンチャー・キャピタル会社の社長となり、企業家の才能も認められた。

2022年にオハイオ州（まさしく錆《さ》びついた州 rust《ラスト》 belt《ベルト》 だ）から上院議員選に出馬し当選（38歳）。7月に、トランプ新政権の副大統領候補に選ばれた。トランプがヴァンスを自分の後継者に選んだ決断こそは、これからのアメリカと世界を動かしてゆく上で、決定的に重要である。〝貧乏白人層 poor white の星（representative《レプレゼンタティヴ》 代表）〟である弱冠40歳のヴァンスに、トランプに何かあったときの重責がずしりとかかる。


こうしたことを私が教えないと、日本人は、知識層や政治家たちを含めて、アメリカのことが分からない。再度書くが、トランプは「外国にいる米軍をすべて国内に戻せ。もう私たちアメリカ人は、世界の警察官（ワールド・ポリスマン、あるいはグローバル・コップ）

ヴァンスの妻、ウーシャ(38歳)。カマラ・ハリスとは違って上流(クシャトリア)のインド系移民の弁護士である

ウーシャはインド系移民2世でヒンズー教徒。カリフォルニア州サンディエゴの郊外で育った。両親ともに大学の教員。イェール大学を卒業後、ケンブリッジ大学で歴史学の修士号を取得。そしてイェール大学ロースクールでヴァンスと2013年に出会って翌年結婚。子どもが3人いる。

をやらない」と決めた。このことを度々《たびたび》公言してきた。この主張には、グローバリスト（地球支配《しはい》主義者）そのものであるディープステイトは怒り狂う。

それでも猶《なお》、この強欲《グリード》の金融資本家である The Deep State の超《ちょう》財界人、大富豪の連合体（決して表面に出ない者たち）の、「この世は、もともと悪《あく》が支配しているのだ」という信念の者たちの力《ちから》も強い。これから先も、この者たちの支配はずっと続く。人類が彼らを打倒することは容易ではない。それは、人間（人類）というヘンな動物の本性《ほんせい》（ネイチュア）に関わることだからだ。

この巨大なワルたちは、悪魔崇拝（デアボリズム）の儀式（サタニック・リチュアル）を続ける。この極悪人たちがいないと、国家の繁栄と隆盛は作れないものなのか。これが本当に困ったことだ。トランプ勢力が真に苦しむ点だ。

「正義と善良さだけが取り柄《え》の貧乏大衆からの強い支持に依拠しているだけでは、新しい国家はやってゆけない。ここを何とかしないといけない。今のうちから対策を練ろう」と、トランプたちは真剣に考えている。「それでも私たちは、自分たちのアメリカ民衆の善良さ（グッドネス）と正義を中心にした、新しい共和国を作ろう」と、本気で考えている。

だから、たとえドナルド・トランプが、このあと斃《たお》れても、その遺志を継ぐ者たちがト

映画『アニマル・ハウス』にハーヴァード大学の特殊な学寮（フラターニティ）が出てくる。ここからが秘密結社だ

『アニマル・ハウス』（1978年作）は、天才コメディアンのジョン・ベルーシが作った映画だ。特殊な会員（ファイ・ベータ・カッパ）に選抜され、儀式に参加した者は一生、この組織から逃げられない。裏切ったら殺される。学寮での儀式の様子を、この映画は描いた。ベルーシは1982年、33歳でオーバードーズで死んだ。

ランプ勢力として、アメリカの国家分裂（連邦離脱《セセション》）を推し進めてゆく。ディープステイト側にとっては、このことが一番イヤなことだ。

仕組まれたカマラ・ハリス新大統領の誕生

普段から政治問題、とりわけアメリカ政治に興味関心を持っている日本人は少ない。国民の3％（300万人）ぐらいだ。だが、大統領選中にトランプが銃撃され暗殺未遂となると、普通の日本人でも関心を持って、不安《アンレスト》になる。アメリカで一体、何が起きているのだろう、と思う。そして、これから世界はどうなるのか、と不安と心配に襲われる。

この民衆の反応は自然である。そのために私、副島隆彦が「真実はこっちだ。そっちではない」を書いている。自分がこれまでに書いてきたことの延長線で、私が大きな予言、予測をしてきた方向に世界は動いている。このことを証明しようとして、私は自分の言論を続ける。

私は、ただの評論家ではない。ニューズ報道を解説(interpretation インタープリテイション)するだけのレポーター reporter （✖リポーター　こっちは間違いカタカナ語）ではない。

このヒルビリーが、アメリカ発祥の民衆の保守思想であるリバータリアン思想の母体だ。この家族のように銃で自衛する

「我が家は警察“911”は呼ばないぞ」と書いてある。リバータリアニズムというのは、反《はん》税金、反《はん》官僚制、反《はん》福祉、反《はん》国家、さらにKKKの反《はん》黒人、反《はん》ユダヤ、反《はん》カトリックだ。「外国にまで軍隊を出すな」も。民衆の泥臭い保守思想だ。

トランプ殺害に失敗したディープステイト勢力は、民主党の大統領候補を、ジョー・バイデン（7月21日に撤退表明）から、カマラ・ハリスに取り換えた。この女は、恥知らずの悪い女で、いいように上から操《あやつ》るのに丁度《ちょうど》いい。こういう人間を puppet パペット、操られ人形という。

バイデンは、トランプ殺害計画の最高決定者であり、政策実行者（policy executer ポリシー・エクセキューター）の頂点である。executioner「エクセキューショナー」は死刑執行人、首切り役人である。殺害計画が失敗したのだから、バイデンはどうしてもその責任を取らされる。だから引っ込んだ。それでカマラのような愚劣な女が出てきて、こいつを大統領にする、とディープステイトが決めた。

カマラは、ジャマイカ黒人の父と、インド系の母の子で、1964年生まれ。カリフォルニア州で地区検察官（DA《ディエイ》、ディストリクト・アトーネイ district attorney）になった。この頃から、カリフォルニア州の州議会議長、そして、のちにサンフランシスコ市長《メイヤー》になった大物の黒人政治家のウィリー・ブラウンに取り入って愛人になった。

そのおかげで、カマラは46歳で、州の司法長官（アトーネイ・ジェネラル）になった。女

カマラ・ハリス(60歳)は1994年、カリフォルニア州議会議長だったウィリー・ブラウンと色仕掛けで関係を持ち、そこから女性初の大統領候補まで上り詰めた

ブラウンは当時60歳で妻もいたが、29歳だったカマラと関係を持った。ブラウンはカマラの父親より２つ年上。ブラウンは愛人のカマラを、次々とカリフォルニア州の要職に就けた。

1996年にブラウンがサンフランシスコ市長になると関係は終わったが、その後もブラウンはカマラを支援し続けた。カマラは2004年、サンフランシスコ地方検事に選ばれ、2011年にカリフォルニア州の司法長官に就任(46歳)。ブラウン市長の収賄疑惑に、カマラは取り組まなかった。

の体を使って這《は》い上がった性悪女《しょうわるおんな》だ。自民党の実力政治家の間を渡り歩いた日本の小池百合子（1952年生まれ）と、全く同じだ。

カマラは2016年にカリフォルニア州選出の上院議員になった。そして、2020年の巨大な不正選挙の後、バイデンの副大統領になった。この性悪女のカマラの経歴と私生活の醜聞《しゅうぶん》を、カリフォルニア州の人たちは、よく知っている。とくに若い学生たちは、カマラを軽蔑《けいべつ》している。

それでも、それでも、この悪質な女が次のアメリカ合衆国の大統領になる。どんなにアメリカ国民から大《だい》ブーイングが起きても、極悪人の大富豪たち（ディープステイト）は、居直って押し通す。即《すなわ》ち、今のアメリカは、デモス（民衆）・クラティア（政体《せいたい》）が破壊された大富豪独裁、ディープステイト独裁だ。彼らは選挙で選ばれていない、陰《かげ》に隠《かく》れた大富豪たちによる専制《せんせい》政体だ。この真実を私たちは見抜かないといけない。

この事情は日本で7月7日にあった、東京都知事（トーキョー・メトロポリタン・ガヴァナー）選挙と同じだ。日本の小池百合子はカマラ・ハリスとそっくりだ。鉄面皮の阿婆擦《あばず》れの小池百合子が、東京都民と日本国民から嫌われて、経歴詐称で蔑《さげす》まれても、それでも居直り尽くして都知事に当選した。そのように、始めの始めから仕組まれて、仕掛けられている。

この選挙でも違法投票マシーンが使われて不正選挙《リグド・エレクション》が行われた。この違法集票コンピュータを開発している企業は富士ソフトで、そこの「ムサシ」というソフトが、いつも使われている。これは、アメリカから30年前に持ち込まれた「アリストス・システム」を、日本用に改良したものだ。それとグローリー（札束などの勘定機メーカー）の得票集計機が使われる。

今、この富士ソフトが総額6000億円で売り買いの合戦になっている。ベイン・キャピタルとKKR（ケイケイアール）という、名打《なう》てのハゲタカ乗っ取りファンドどうしの競争だ。

東部諸州との境目で起こる軍事衝突

アメリカは、こうなったらいよいよ国家分裂するしかない。全米の50州のうち30州ぐらいが、今の連邦政府（ワシントン政府）から分離独立《ぶんりどくりつ》する。これを secession「セセション」と言う。国家から、その一部が分離独立する思想、主義を secessionism セセショニズムと言う。なかなか難しい英語だが、何とかみんな、カタカナだけでも覚えなさい。

この分離独立を実行する者たちを secessionist セセショニストと言う。今のアメリカの連邦政府（フェデラル・ガヴァーンメント。首都ワシントンDC《ディシー》）から離脱して州ごとに分離独立することを secede セシード（動詞）という。

彼らは国家反逆罪（treason トリーズン、大逆罪《たいぎゃく》）の重罪人扱いされる。連邦離脱の規定は、今のアメリカ合衆国憲法に書かれていない。

だから南部の大州であるテキサスを中心にして、かつてフランス領だったルイジアナ（ルイ国王の土地）と呼ばれた、広大な北の南北両ダコタ州やモンタナ州までを含む大きな一帯の州たちが分離独立する。そして、今の東部と北部（ボストン、ニューヨーク、ワシントン、シカゴが中心）の連邦政府に反旗を翻《ひるがえ》す。

やがて、東部側の諸州との州境《しゅうざかい》で軍事衝突が起きる。この動きはもう止まらない。その時トランプ（現在78歳）が、今のまま分離側（反《はん》ディープステイト）の指導者を続けるかどうか分からない。

P79にあるように、私が2019年に出した『国家分裂（デヴァイデッド）するアメリカ政治　七顚八倒《しちてんばっとう》』（秀和システム刊）という本にはっきりと、「10年後に、アメリカ合衆

5年前(2019年)の私の本での予言通り、アメリカの国家分裂は着々と進む

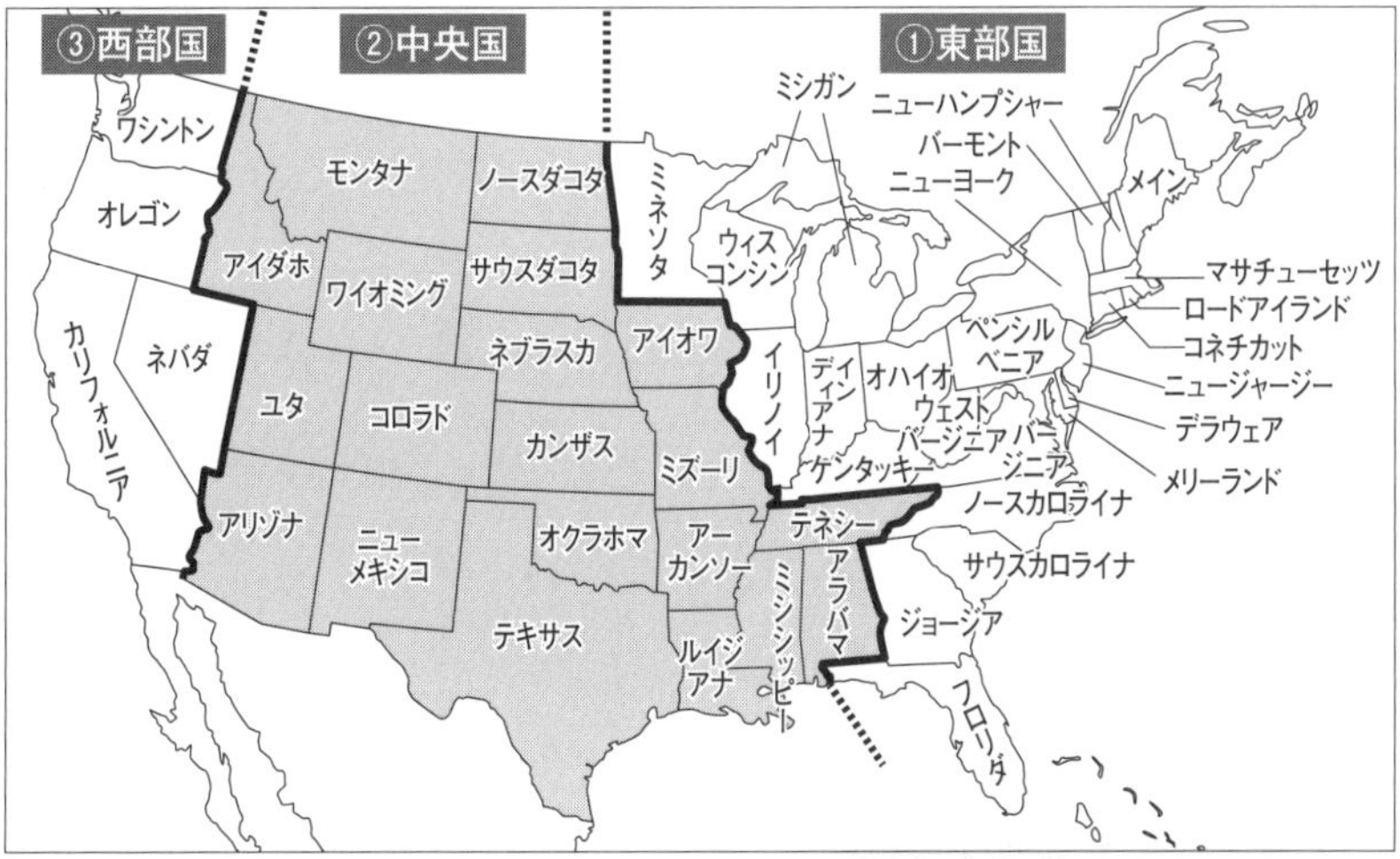

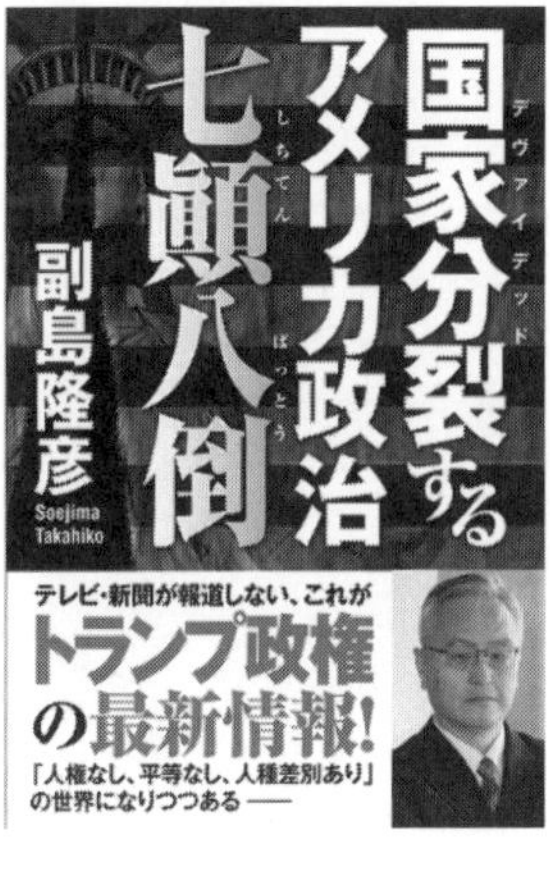

今から5年前の2019年、私は『国家分裂するアメリカ政治 七顚八倒』(秀和システム刊)で、アメリカの国家分裂を予言した。事態は、その通りに動いている。ただし、州ごとの政治指向や知事の交代などで、3つの分裂国家の中身は少しずつ変わっていく。

国は、3つの国に国家分裂する」と書いた。

『シビル・ウォー（内戦《ないせん》）アメリカ最後の日』"Civil War" という映画がすでに出来ている。アメリカでは4月12日に公開。日本では、10月4日から公開された。

この映画は、テキサス州とカリフォルニア州の州兵（ナショナル・ガード）の合同軍が、首都ワシントンを総攻撃する。独裁者となった大統領の政権を否認して、リンカーン・メモリアルや議事堂、ホワイトハウスをも、ヘリコプターと戦車隊で攻撃する。この大争乱を追いかける女のジャーナリストが、このアメリカ国内の動乱、内乱、内戦の目撃者で主人公という構成になっている。


それから、『フライ・ミー・トゥ・ザ・ムーン』"Fly Me to the Moon" という映画が、日本では7月19日から公開された。私は7月21日に、日比谷の東宝シネマで見て来た。NASA《ナサ》（米航空宇宙局）自身が、この映画に全面協力している。

スタジオの中で、虚偽の月面着陸をしたアポロ11号（1969年7月）の乗組員の様子を、発射基地のそばの大型倉庫の中で映画撮影して作ったと、大きくバラしている。時代は、もうここまで来た。大きな真実の暴露まで、あと一歩だ。

トランプ政権が大きな不正選挙で追われた時（2020年末）から、アメリカで内戦が囁《ささや》かれた

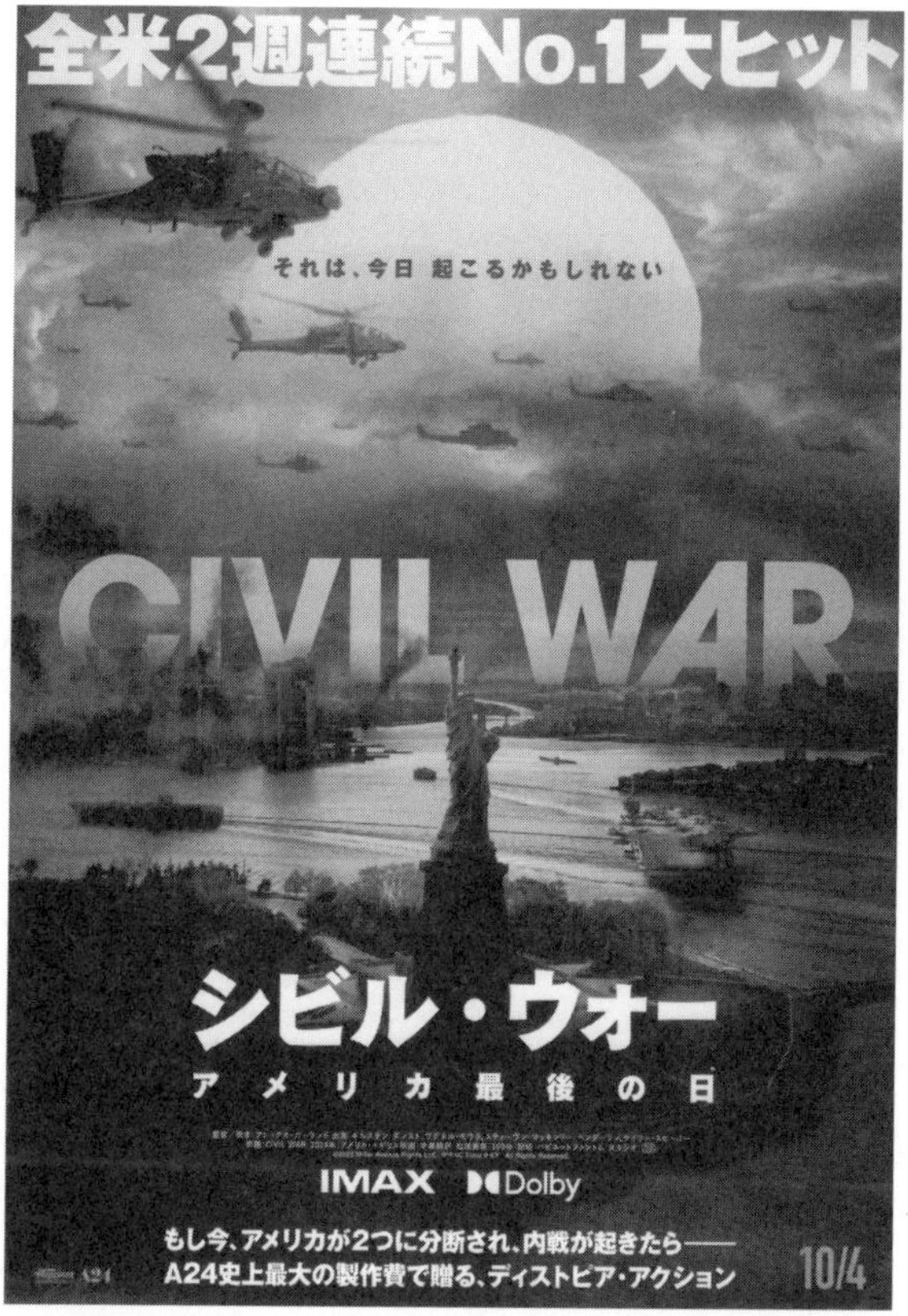

この映画は、日本で10月4日から公開。テキサス州とカリフォルニア州の州兵（ナショナル・ガード）の合同軍が、首都ワシントンを総攻撃する。独裁者となった大統領の政権を否認して、リンカーン・メモリアルと議事堂とホワイトハウスも、ヘリコプターと戦車で攻撃する。制作したのはA24という会社。「私は戦争とは関係ない。関わらない stay out《ステイ アウト》」という市民も描かれる。

自慢ではないが、私、副島隆彦は、この件についての日本国の権威《けんい》である。私は、『人類の月面着陸は無かったろう論』（徳間書店刊、2004年）という本を出版している。今からもう20年前の本だ。

悲しみも痛みも感じない悪人たちの本性

私、副島隆彦が、どれぐらい「大きな枠組みの中の真実」を、たくさん世の中に露出させ、公然と暴き立てて来た人間であるか、を分かっている人たちはたくさんいる。だが、皆、自分の目の前の生活のことで忙しい。

人々はこれまでずっと、権力者からウソをつかれてきて、騙されて自分の脳（頭、思考）を操《あやつ》られてきても、そのことを怒らない。真実が大きく露見した時の人々の驚きが、どれほどのものであるかを一番、よく分かっているのも私だ。このこともうすぐだ。

即《すなわ》ち、アメリカ帝国（エムパイア）が滅ぶ、滅亡するときに、この捏造《ねつぞう》された人類の月面着陸の巨大なウソ、虚偽も、暴かれ訂正される。だが、その時、アメリカの権力者、支配者であるディープステイトは誰も責任を取らず、謝ることもしないだろう。ただアメリ

アポロは月に行っていない。ついにNASAも映画を使ってズルズルと認めざるを得なくなっている。真実がもうすぐ明らかになる

映画『フライ・ミー・トゥ・ザ・ムーン』“Fly Me to the Moon”は、1969年7月のアポロ11号の打ち上げで、月面に人類（NASAの宇宙飛行士）が降り立つという虚構の月面着陸映像をNASAが作り、それを世界中にアメリカの偉業として放送したあの事件を扱っている。ただし、realとfakeのどっちにでも取れるよう、ドタバタコメディに仕立てた映画だ。NASA自身がこの映画にかなり協力している。時代は、もうここまで来た。大きな真実の暴露まで、あと一歩だ。

私、副島隆彦は、この件についての日本国の権威である。私は、『人類の月面着陸は無かったろう論』（徳間書店刊、2004年）の著者だ。今から20年前の本だ。

カ帝国が、帝国として崩れて、崩壊して終わってゆくだけだ。

それでもだ。日本の勉強秀才の中で、理科系で「自分は、少年時代から宇宙への夢で、アポロ11号の月面着陸を、56年間ずっと信じて来た。ああウソだったんだ。私は、騙《だま》されていた」と、大きく絶望して、自分の脳が割れるような激しい痛みで、頭がギシギシと軋《きし》むのを覚える。そういう理科系の秀才人間の成れの果てたちが、日本でも数十万人は出て来るだろう。

彼らの苦しみと嘆きと激しい怒りを、私、副島隆彦は、今のうちから、冷静に予測し計測して慮《おもんばか》っておく。貴方《あなた》たちは苦しみなさい。そして脳が割れるような痛みに耐えなさい。そういう人はまだ good guys グッドガイのいい人たちだ。善人《ぜんにん》の部類に入《はい》る。

それに対して、「副島隆彦よ。真実なんかどうでもいいんだよ。そういうのは過ぎ去った昔のことだ」と言って撥《は》ね除《の》ける人間たちが居《い》る。そういう、自分の脳（思考）を騙され続けた側の者たちなのに、自分自身への悲しみも痛みも感じないような人間たちもいる。彼らはやっぱり生来のワルで、悪人《あくにん》で bad guys バッドガイだ。

巨匠フランシス・フォード・コッポラ監督(85歳)は、新作『メガロポリス』(2024年)で滅亡するアメリカ帝国を描いた

コッポラは、この映画を作るためカリフォルニアのナパ・バレーの自身のワイナリーの大半を売却し、製作費1億2000万ドル(約160億円)を作った。7大《だい》スタジオが、どこも資金を出さなかった。コッポラは40年以上前からアメリカを舞台にしたローマ叙事詩を考えていた。

コッポラは「私たちのアメリカン・デモクラシーで、今起きていることは、古代ローマの共和政が崩壊したのと完全に対応しています」と述べた。アメリカでは9月に公開されたが、日本公開は未定。

第3章
トランプ勢力が目指す真のアメリカ革命

2025

Mandate for Leadership

The Conservative Promise

Foreword by Kevin Roberts, PhD

Edited by Paul Dans and Steven Groves

レーガン革命と「プロジェクト2025」

2023年4月、ひっそりと「プロジェクト2025」という戦略論文が発表された。これは、ドナルド・トランプが大統領選挙に勝利したら、2025年1月20日の就任式(inauguration イノギュレイションという)のその日、即《すなわ》ち Day One《デイ ワン》に、ただちに実行すべき内容を書き並べた戦略論文である。

実は、この論文こそが第1章で解説したトランプ殺害計画の大要因、はっきり言えば原因となった。このことについては、後ほど説明する。

この論文のタイトルを“Mandate for Leadership《マンデイト フォー リーダーシップ》”という。アメリカの保守派の代表的なシンクタンクであるヘリテージ財団から発行された。当初は騒がれなかったものの、民主党側がその内容を激しく攻撃し始めたことで、アメリカの一部でザワザワとした騒ぎになった。私はそれを察知した。

戦略論文「プロジェクト2025」は、ヘリテージ財団のホームページに掲載され、公

「Project2025」はDeep《ディープ》 State《ステイト》に破壊されたアメリカ政府を立て直すためのロウドマップである

ヘリテージ財団(ケヴィン・ロバーツ会長)が「プロジェクト2025」作りを2022年に始めた(写真は2023年8月のイリノイ州)。トランプは、私は無関係だと表明した(7月5日)。しかし、トランプ派の政策として一貫している。その内容はムダな公務員の大量クビ切り、環境省、教育省、FRBなどの廃止という過激な思想の提言である。

開されている。誰でも読める。英文で900ページぐらいある。後で説明するが、もう「えらいことだ」としか言いようがない内容だ。

「プロジェクト2025」のメインタイトル Mandate for Leadership の次のサブタイトルは The《ザ》 Conservative《コンサヴァティヴ》 Promise《プロミス》 だ。こちらは日本語で「保守派の約束」である。これなら、普通の日本人でも分かる。

メインタイトルの mandate が、日本人によく分からない。かつては大統領命令として使った。今は、大統領命令は executive order「エグゼクティヴ・オーダー」だ。これは、トランプ派のリーダーたち向けの基本指令書という意味である。私たちが政権を握ったらこういうふうに動きなさい、という作戦指令書と言ってもいい。

この「プロジェクト2025」のホームページの最初に掲載されているのが、ポリシー・アジェンダ policy agenda だ。困ったことに mandate とともに、これも日本語に直せない。agenda は議論とか議題とか「これからやるべきこと」という意味だ。日本語で一語では表せない。これを言い換えると、strategic《ストラテジック》 road《ロウド》 map《マップ》 という言葉がいい。訳して「戦略的なロウドマップ（工程表）」だ。これから自分たちが歩んでいく地図帳、道しるべだ。これが policy agenda だ。この内容も、第6章でじっくり説明する。

この論文を取りまとめて、序文foreword《フォアワード》の“A Promise to America”「アメリカへの（私たちの）約束」を書いたのが⑪ケヴィン・ロバーツだ。第6章で説明する。彼はヘリテージ財団の会長である。

私は、1996年にワシントンDCに調査旅行に行った時、この財団を訪ねて、スタッフに中を案内してもらった。ここはアメリカ保守派の牙城《がじょう》だ。レーガン大統領や歴代の保守派の大統領やフリードリヒ・ハイエク博士の肖像画が、ずらっと壁に架《か》かっていた。

かつて、レーガン大統領による「レーガン革命」という構想があった。レーガンは、1981年から1989年1月まで大統領を務めた。レーガンはカリフォルニア州の俳優上がりの大統領だ。共産主義に対しては弾圧する立場、つまり反共《はんきょう》主義者だった。

俳優時代のレーガンは、アメリカ俳優組合（アメリカ・アクターズ・ギルド）の会長としてアメリカ政府に協力して、リベラル派や左翼の映画俳優や監督や、それからplaywrights《プレイライツ》（シナリオライター、脚本家）で優秀な者たちをいじめた側の人だ。やがて、カリフォルニア州の州知事になって、有能だということでアメリカ大統領の地位まで上り詰めた。

トランプを支えている勢力の知識人や学者を含めたインテリ集団は、今も「レーガン革命」という言葉を使う。たとえば、FOXやNBCのニューズキャスターを務めた女のテレビ番組司会者のメーガン・ケリーも、レーガン革命という言葉を使う。

かつて、「レーガン・デモクラット」Reagan Democrats という言葉があった。貧乏人や労働者や移民たちが、本来はみんな民主党支持（デモクラット）なのに、一人ひとりが決意して大量にレーガンに投票した。雪崩《なだれ》のような現象が起きた。だから、この1980年11月の大統領選挙で、レーガン革命が起きた。

トランプ革命の「プロジェクト2025」提言は、それの再来だ。悪く言えば、1980年のレーガン革命が失敗、流産したときの置き土産《みやげ》を再度、トランプ時代に復活させようという動きだ。

レーガン革命の8割が失敗に終わった本当の理由

だから、この Mandate for Leadership という戦略論文は、大きくはレーガン革命の焼き直しだ。内容も半分以上は、1980年に出ていた議題《アジェンダ》だ。それを45年後に引っ張り出して、それに新味をつけ加えたという感じだ。だから、レーガン革命の後を継ぐのがトラ

トランプ勢力のアジェンダ（主要な政策提言）は、1981年のレーガン政権発足時の政策の焼き直し、復活である

第40代大統領ロナルド・レーガン（1911～2004）は、大統領になった途端に政策目標のほとんどを、デイヴィッド・ロックフェラーに骨抜きにされた。当時、ヘリテージ財団はレーガンを支援し、今回の「プロジェクト2025」の政策提言集と全く同じタイトルのMandate《マンデイト》 for Leadershipを発表した。しかし、それを実現できなかった。その焼き直し、再興が今回のトランプ派の政策、すなわちProject2025である。しかし、前途は厳しい。

ンプ革命となる。これは日本では、私以外は誰も使わない言葉だが、アメリカ政治では、すでにはっきりしている。

レーガン政権が始まった途端（1981年1月）に、人事は全部、デイヴィッド・ロックフェラーに握られてしまった。policy agenda つまり戦略論文をレーガンと一緒に実行するぞ、と言って選対《せんたい》で活動していた人たちは、政権の高官の職に就《つ》けなかった。

私は1996年に、ワシントンDCにあるリバータリアンの牙城《がじょう》、ケイトー研究所Cato Institute に行き、ウィリアム・ニスカネンという所長と会って話をした。その時、1冊の署名入り《オートグラフ》の本をもらった。そのタイトルは"Reaganomics"『レーガノミクス』である。私は、その本を今も持っている。レーガノミクスというコトバを作ったのは、W・ニスカネンである。

彼は経済学者であり、1期目のレーガン政権で、大統領経済諮問委員会（CEA《シーイーエイ》）委員（のちに委員長代理）を務めた。だが、レーガン政権2期目の途中で政権から追い出された。それで、ケイトー研究所に移った。ケイトー研究所はリバータリアンの根城《ねじろ》である。私、副島隆彦もリバータリアンであり、彼らから情報を貰《もら》っているが、ケイトー研究所はリバタリアンの中でも穏健《おんけん》派である。

ブッシュ（父）元大統領はロックフェラー財閥に忠実で、レーガンの副大統領として数々の謀略を仕掛けて邪魔をした

ジョージ・ブッシュ（父。1924〜2018）は、レーガン政権の副大統領。レーガンの跡を継ぎ、1989年から1993年まで大統領を務めた。だが、P147に顔を載せたパット・ブキャナンの「アメリカ・ファースト！ 運動」のために共和党内が乱れて、2期目が無かった。そして、ビル・クリントンが出て来た。この予言も私は当てた。知っている人は知っている。

息子のブッシュ（78歳）は、安倍晋三、麻生太郎、小泉進次郎らと同様、難読症《なんどく》（ディスレクシア）だ。ディープステイトが命令を出して扱いやすい頭の軽い政治家たちだ。

ヘンリー・キッシンジャー派が国務省（外務省）を牛耳《ぎゅうじ》り、ジェイムズ・ベイカー財務長官から何から何までほとんど、ニューヨークの金融財界人、石油金融財界人、そして軍《ぐん》産《さん》複合体 military《ミリタリー》 industrial《インダストリアル》 complex《コンプレックス》 の人間に、レーガン政権の長官（閣僚）の座を奪われてしまった。

つまり、この段階でレーガン革命は8割方終わったのである。しかも、この時の副大統領がジョージ・ブッシュ（父）だ。この男は本当にワルだ。レーガン政権が起こしたトラブルのほとんどは、実はジョージ・ブッシュ（父）が仕掛けたものだ。その代表が「イラン・コントラ事件」（１９８６年）である。

このように周りをディープステイトに固められて、ロナルド・レーガンはもうどうしようもなくなり、身動きがとれなくなった。レーガンは、このとき「私にはどうにも出来ないのだ」と泣いたという。

これがレーガン革命の実態だった。それをもう1回やるぞ、というのがトランプ革命なのだ。

あれから45年がたつ。トランプ革命を実現するため結集している知識人たちは、もういい歳になったご老体がたくさんいる。これに若い人たちが加わり、「もう１回アメリカを作り直すぞー」という気持ちで、この「プロジェクト２０２５」が動いている。

「プロジェクト２０２５」の４つの重要なポイント

この「プロジェクト２０２５」は、大きく４つの内容に分かれる。

１つ目はホワイトハウスをどう作り変えるか、である。そのために中央人事《じんじ》機構 Central Personnel Agencies（personnel《パーソネル》というのが人事）を、どう自分たちの手で動かすのか。論文のセクション１《ワン》は、Taking the Reins of Government とある。rein レインは統制《とうせい》という用語だ。つまり、どのように、手に入れた政府を掌握、管理するかというのが、「プロジェクト２０２５」の一番大きな政策課題である。

そして２つ目が、defense《デフェンス》 国防をどのようにやるかだ。国防総省（Department of Defense ＤｏＤ《ディオウディ》）と国土安全保障省（Department of Homeland《ホームランド》 Security ＤＨＳ《ディエイチエス》）の無駄の大《だい》削減、管理の強化を説いている。

このことを書いた⑧クリストファー・ミラー中将が大事だ。トランプ政権で最後の国防長官を務めた。ところが、クリス・ミラーは最近、ペンタゴン（国防総省）の中で予備役《よびえき》（reservist　リザーヴィスト）に回されていることが分かった。陸軍（の特殊空挺部隊《エアボーン》）出身のミラーが外されているということは、トランプ派の軍人（将軍《ジェネラルズ》）たちの力がどうも弱まっている。これも後で解説する。

3つ目が welfare　ウェルフェア　福祉の問題だ。それから、メディア（報道機関）をどのようにきちんと作り直すか。エネルギー省や教育省などを全部廃止する、といったことが書かれている。後の章で改めて解説する。

執筆者のひとり、⑩ベンジャミン・カーソンが重要だ。外科（脳神経外科）の医者をやっていた優秀な黒人で、トランプ政権時代、ずっと住宅都市開発省（Department of Housing and Urban Development　HUD《エイチユーディ》）の長官をやった。トランプ派の中の黒人の代表だ。このベン・カーソンは極めて実直、真面目で誠実な人で、かつ過激派である。トランプに一番忠実な1人だ。

トランプ派軍人のトップで最後の国防長官。クリストファー・ミラー（59歳、中将）が、ペンタゴン内で勢力を盛り返せず予備役《リザーヴィスト》に

ミラーは、トランプ派のアメリカ軍人の代表なのに、どうも予備役に回された。次のトランプ政権の政策方針であるProject2025の国防総省（ペンタゴン）の章を執筆した。

そして、4つ目は経済だ。FRBの廃止、それから通商（貿易 trade《トレイド》）の問題が主なテーマだ。ここでピーター・ナヴァロが通商問題担当として、非常に重要な役割を果たしている。ピーター・ナヴァロはトランプ派の中で⑨番目の過激派だ。

ナヴァロは、トランプ派として最後まで抵抗し続けて、議会証言の出頭命令にも応じないで、屈服しなかった。一流の学者（カリフォルニア大学アーバイン校教授）で、トランプ政権の高官だったのに投獄された。

ナヴァロは、2021年1月6日の150万人のアメリカ国民の連邦議事堂に向けての抗議行動は、バイデン側（ディープステイト）が行った巨大な不正選挙に対する正義の行動である、と考える。だから、そのことでトランプ派の高官たちを痛《いた》めつけるために、バイデン側が議会の公聴会（パブリック・ヒアリング）に呼び出し（召喚《しょうかん》）したことに逆らった。

この呼び出しは、ただの召喚状 サモン summon ではない。罰則付きの subpoena サピーナだった。これに応じないと、身柄を拘束（逮捕）されて、刑務所に入れられる。ナヴァロはこの刑罰を受けた。あのガラの悪いスティーヴン・バノンも刑務所に入っている。この一部始終を、アメリカ国民はニューズで知っている。

ナヴァロは、7月17日にマイアミ連邦《れんぽう》刑務所を禁錮4カ月で出てきて、そのまま（五大

トランプ派の黒人医師で、善人で過激派、ベン・カーソン（73歳）は「プロジェクト2025」の執筆者の1人

⑩

カーソンはトランプ政権時代、住宅都市開発省（HUD《エイチユーディ》）の長官を務めた。4年間ずっと、その職務を遂行した。トランプの信任が厚く、「プロジェクト2025」で前職同様、貧困黒人たちの住宅問題について執筆した。アフリカからの黒人奴隷売買を、黒人の民族移動（ディアスポラ）だとカーソンは考えた。どの民族、人種も同じだ、と。

湖のウィスコンシン州のミルウォーキーの）共和党大会に駆けつけた。そして、みんなの前で演説し、大会参加者（オーディエンス）から「ナヴァロ、お帰りなさい！」Welcome Home！と大拍手と大喝采を浴びた。ナヴァロは、とくに全米の学生たちから尊敬されている。

4年前の不正選挙から起きた大きな変化

4年前の11月3日に、ディープステイトは巨大な不正選挙 rigged《リグド》 election《エレクション》 をやった。そのあと12月、1月の戦いが続き、1月20日の大統領就任の日にトランプ勢力は敗れ去った。トランプが「撃ち方止《や》め」の命令を出した。ナヴァロたち最後までホワイトハウスを出なかった者たちを退去させた。

トランプは、大統領の任期終了の1週間前に、テキサス州の西の外れの山の中のアビリーン Abilene という場所に行った。ここに核戦略の司令部が有る。周りには核兵器の発射サイロがある。フォートワースの空軍基地のそばだ。そこへ行ったのである。どうしても在任中に行っておきたかったのだろう。

ピーター・ナヴァロは、この4年間闘い抜いた。このナヴァロの苦難に耐えた姿に、共和党大会で大声援が起きた

ピーター・ナヴァロ　Peter Navarro（75歳）は、トランプ政権時代、通商担当の大統領補佐官（政府高官）を務めた。カリフォルニア大学アーバイン校の名誉教授（経済学者）。「プロジェクト2025」の貿易の章を執筆。2022年6月3日、ナヴァロは議会侮辱罪で大陪審に起訴された。2024年1月25日、ワシントンの連邦地裁はナヴァロに禁錮4カ月と罰金9500ドルの有罪判決を言い渡した。

3月19日、フロリダ州マイアミの連邦刑務所に収監、服役。7月17日に出所し、そのままウィスコンシン州ミルウォーキーで開かれた共和党全国大会に飛んで、演説して大声援を受けた。ナヴァロはトランプ派の loyalist（ロイヤリスト）としてを闘い続ける。

核戦争用のアメリカ軍の司令本部（NORAD《ノラド》、北米航空宇宙防衛司令部）は、今もコロラド州のコロラドスプリングス市（州都デンバーから南に100㎞）に有る、ピーターソン宇宙軍（スペイス・フォース）基地に有る。以前は近くのシャイアン・マウンテンの地下の巨大な防空壕にあった司令部は、今は地上に有る。毎日、地底《ぢぞこ》に通うのが、アメリカ軍人たちもイヤになったのだろう。

このあとトランプは、アラモの砦《とりで》（テキサス州サンアントニオ）に行った。そして、国境の都市エルパソ（ニューメキシコ州）に行った。そこで演説した。「私が作ると言って作り始めた国境線の鋼鉄柵の壁を壊すな、作り続けろ」と。

1月13日にはワシントンに戻ってきた。そして「もうダメだ」ということで家族を連れて、20日の早朝ワシントン郊外のアンドルーズ空軍基地からフロリダ州へと飛んだ。

フロリダ州のマイアミよりは北、ケネディ宇宙センターよりは南にある、大金持ち（大富豪）だけが住んでいるパームビーチに、トランプ一家は引っ越した。海のそばにある「マール・ア・ラーゴ」という大きな邸宅を、トランプは拠点にしている。

そのパームビーチ地区には、ユダヤ系の大富豪たちがずらりと大きなお屋敷を並べている。もっと言うと、お屋敷の中に18ホールのゴルフ場が有る大邸宅まであるそうだ。それくらいの広さだ。

9月15日、トランプは再び銃撃を受けた。その現場となったのは、自宅のマール・ア・ラーゴから車で10分ほどの距離にあるトランプが所有するトランプ・インターナショナル・ゴルフ・クラブ・ウェストパームビーチでのことだった。休みの日には、トランプはゴルフをして体を鍛える。元気なものだ。

トランプは、マール・ア・ラーゴにいつまでも居られない。私の考えでは10月末までに、早ければ9月中にもテキサス州のサンアントニオか、もっとメキシコ寄りのほうに、アメリカ空軍の護衛、戦闘機編隊に守られながら移動していくと考えていた。

トランプには、身長2mもあるノッポの息子、バロン（18歳）がいる。殺される危険があるので、テキサスに移るだろうと私は思っていた。

ところが、バロンは結局、私立のニューヨーク大学（特別な大学だ）に進学したことが判明した（9月4日）。私、副島隆彦はこの時、トランプの大統領選勝利はないと冷徹に判断した。トランプはあくまでニューヨーカーなのだ。ニューヨークに戻って、そこに留まるつもりだ。

テキサス人はニューヨーカーを受け入れないし、ニューヨーカーはテキサスには合わない。そうトランプが判断した時点で、もうやる気はないと、日本のトランプ応援団の代表である私は、見極めた。後で説明する。

テキサス州サンアントニオの郊外に、イーロン・マスク Elon Musk がすでにテスラの本社を移した。マスクが移すと宣言する前から、どんどん移っていた。テスラのEV《イーヴィ》の工場も、もうとっくに移った。

ピーター・ティール Peter Thiel が、どのように判断するか、まだ分からない。サンフランシスコ市、サンノゼ市周辺のシリコンバレーから離れられないようだ。他のＩＴ系の経営者で、トランプ派であることをはっきりさせている企業経営者たちは、テキサスに移ってきて、本社機能も移している。日本には、この話は全く伝わらない。

多くの企業がものすごい勢いで、カリフォルニア州からテキサス州に移っている。カリフォルニアは税金がテキサスの3倍だ。本当に高い。物価もものすごく高い。治安も悪い。今のうちなら自分が持っている立派な10億ドル（１４０億円）する豪邸をいい値段で売って、テキサスに引っ越しできる。そんなお屋敷を持っているのはシリコンバレーで、ＩＴ《アイティ》で成

トランプの末っ子バロン・トランプ(18歳、身長2m)は進学先として私立のニューヨーク大学(スターン・ビジネス・スクール)に。これでトランプは、戦争指揮はできない

──メラニア夫人との息子。9月4日にニューヨーク大学に入学。バロン・トランプに付き添っていたシークレット・サーヴィスのエージェントたちの存在で、目立った──

(2024年9月8日 FIGARO.jp)

功した創業者と幹部たちだ。テキサスに引っ越して来たら、家は3分の1の値段で買える。だから民族大移動だ。

トランプを未だ裏で支えるピーター・ティール

イーロン・マスクやピーター・ティールは、ペイパル・マフィア PayPal Mafia と呼ばれている。ペイパルは通信販売の決済の会社だ。今は、ネット・オークションサイトのイーベイ eBay の子会社になっている。

創業者のピーター・ティールが、電子決済《けっさい》機能（金融ポータルと言う）を最初に作った。初期のペイパルでイーロン・マスクが社長をした。だが、「おまえは能力がない。ダメだ。これではペイパルは潰れる」と言って、ティールがマスクを一度追い出した。マスクは戻ってきたが、そういう過去がある。今は2人は仲よくなっており、ペイパル・マフィアは他に7～8人いる。

ペイパルの1人が作ったのが、ブロックチェーンだ。決済（支払い、送金）の技術の次に来るのがブロックチェーンだ。これは国家統制に使える。デジタルマネーを国家（政府）

ピーター・ティール(57歳)は“ペイパル・マフィア”のドンとして君臨してきた。テスラもYouTubeもティールなくしては生まれなかった

リバータリアニズムの思想は、1990年代に「ウイアード」というIT雑誌に集まってインターネットを生んだ。ところが、「俺たちは、権力者に騙《だま》された。却《かえ》って支配が強まった。一旦、砂漠に消えよう」となった。この流れから2000年代に、ピーター・ティールやイーロン・マスクたち“ペイパル・マフィア”の、銀行決済によらない、直接決済の思想が生まれた。

が握るためのＣＢＤＣ《シービーディシー》（Central Bank Digital Currency 中央銀行デジタル）に、この技術がどうしても必要らしい。だから、トランプは態度を変えて仮想通貨を認めた。仮想通貨《クリプト・カレンシー》業者たちが今、テキサスにたくさんいる。彼らは、仮想通貨を全面的に禁じた中国から追い出されて逃げてきた。テキサスは電力が安いからだ。仮想通貨は、ものすごく電力を食う。

彼らはビットコインをマイニング、採掘する、掘り出す。すなわち仮想通貨の取引に必要な複雑な計算処理に協力し、その報酬としてビットコインをもらう。鉱山掘り mining《マイニング》をやるわけだ。ふざけた話だが、お金《かね》を空無《くうむ》から作る作業である。それでも、その中心にあるブロックチェーンの技術が、ものすごく重要らしい。

ペイパル・マフィアのボスのピーター・ティールが、なぜ重要なのか。7月15日の共和党大会で副大統領候補《キャンディデイト》に決定したＪＤ《ジェイディ》ヴァンス（40歳）が、2年前に自分の田舎のオハイオ州で上院議員選に出たときに、１０００万ドル（14億円）の選挙資金をくれたのがピーター・ティールだ。だからヴァンスは、ピーター・ティールの子分だ。

先述した「プロジェクト２０２５」を分かり易くした本 "Dawn's Early Light" が、9

イーロン・マスク(53歳)はトランプ支持を明確にした。世界的な天才経営者で世界政治家のレベルだ。これからが大変だ

マスクは2022年10月27日、Twitter社を買収し「X」に改名した。トランプは、2021年1月6日のトランプ派民衆の米連邦議会議事堂抗議事件でアカウントを凍結されて以来、2年以上ぶりにXに投稿した。正義のトランプ派国民への政治弾圧、言論の自由への侵害に対して、マスクが厳正に対応した。
「トランプのアカウントを(SNS各社が)停止(永久追放)にしたことは、アメリカ憲法に違反し、違法である」と表明した。だから、人間として優秀である。トランプは、自身の新政権では、無駄な政府支出を監視する「政府効率化委員会」を新設し、そのトップにマスクを据《す》えると明らかにした。

月1日に出るはずだった。この「ドーンズ・アーリー・ライト」とは「夜明けの薄明り」で、黎明《れいめい》とか暁光《ぎょうこう》という意味だ。アメリカ国歌である「星条旗」The Star-Spangled Bannerの歌詞の一節にもある。

この本を書いたのが、ヘリテージ財団会長の⑪ケヴィン・ロバーツである。そして、その序文foreword《フォアワード》をヴァンスが書いた。「私たちは（開拓農民時代と同じように）自分のマスケット銃に弾を込めよう（load the muskets《ロウド ザ マスケッツ》）」と書いた。この点がディープステイト側に狙われた。

トランプは「私は関わっていない。プロジェクト2025とは関係ない」と、7月5日に表明した。「私は読んでない。知らない」と言って、トランプは知らん顔してとぼけた。この本の発売日は11月12日に延期された。

トランプ殺害計画の原因は「プロジェクト2025」だった

7月13日の大規模なトランプ殺害計画の理由は、まさしくこの「プロジェクト2025」にある。その中ではっきりと、トランプが政権をとったら、大統領就任の初日Day One

つまり2025年1月20日にトランプは大統領命令を出して、前政権に任命された官僚を大量にクビにすると書いてある。それこそ4万人くらいを解職する。

それ以外に、ディープステイト側の主要な人間たち、ヒラリー・クリントンやジョージ・ソロス（94歳。おそらく死んでいる。跡継ぎが息子のアレキサンダー・ソロス）など、ディープステイトの表面に出ているエグゼクティヴ executive 執行役員と呼ばれる連中2000人くらいを、国家反逆罪 treason トリーズンでただちに逮捕するということまで含意《がんい》されている。ここには大手メディア企業のトップの連中も含まれる。

その理由は、「おまえたちは巨大な不正選挙に加担した。不正に国家を乗っ取った。したがって、この犯罪に加担した者は、全員逮捕して処罰する」ということだ。この主張は全く正しい。ただし、この計画が敵のディープステイト側にバレてしまった。だからディープステイト側が、これを理由にトランプ殺害計画を、FBIとDHS（国土安全保障省）を使って7月13日に実行させた。

トランプ殺害計画は、明らかに権力者共同謀議（コンスピラシー）である。日本を含めて世界中のメディアは、絶対にこういう分かり易い書き方をしない。だから私、副島隆彦が日本国内で唯一、大きな真実をズバリと書いて伝える。そうしないと誰も大きな真実が分からない。

アメリカの見苦しいペドフィリア（異常な幼児性愛 pedophilia）までやっているディープステイト、超《ちょう》財界人たちの表面がカマラ・ハリス政権だ。彼らは、自分たちが合法的に政治権力を握っていると思い込んでいる。しかし、democracy（demos＋cratia ✖民主主義 ○民主政体）の基礎、土台である選挙で、巨大なインチキをやっておいて、それで真っ当な政治権力であるはずがない。

ディープステイトとは、陰に隠れている大富豪たちだ。それと腐敗したワシントンの官僚たちだ。

彼らは選挙で選ばれていない。巨大企業の真の大株主たちだ。彼らはニューヨークの大銀行や軍需産業などの後ろにいる。それと大地主だ。といっても、田舎の田畑ではなくて、大都会の80階建てみたいな高層ビルを何十本も持っているような連中だ。ヨーロッパならパリのシャンゼリゼ通り沿いの高級アパルトマン街の3分の1を持っている。

こうした大富豪たちの名前は、ほとんど分からない。政治の表には絶対に出てこない。彼らは決して政治家にはならない。見るからに、ふにゃふにゃしたじいさん連中だ。

ディープステイトの資金源として表《おもて》に出ているジョージ・ソロス。おそらく死んでいる。息子のアレックス・ソロスが、巨額の資産と悪《あく》の司令塔の地位を受け継いだ

ジョージ・ソロスはトランプ新政権が誕生したら、ヒラリー・クリントンとともに、国家反逆罪で逮捕される。ソロスは、不正選挙 rigged election《リグド エレクション》 の道具である投票数の違法集計を行うコンピュータソフト「ドミニオン」を開発したカナダのドミニオン社の株主だ。他の大株主はヨーロッパの王族たちとクリントン財団と、アメリカの民主党の有力政治家たちだ。

ジョージ・ソロス(94歳)はおそらく死んでいる。だから息子のアレクサンダー・ソロス(39歳)でいい。まとめて逮捕して処刑すべきだ。

それが今回、ちらっと表に出たのが2024年7月26日からのパリオリンピックだ。あのオープニングセレモニーで行われた気色の悪いLGBTQ《エルジービーティキュ》（同性愛者その他）の連中の祭典。あれがSatanic Feast（サタニック・フィースト）悪魔崇拝の儀式、祭典、お祭りだ。あそこで、気持ちの悪い歌や踊りを世界に向けて公然と披露した。その背後にいるのがディープステイトの連中だ。

パリクラブParis Clubという組織がある。これは、債権国と債務国（貧乏国）が借款《しゃっかん》の返済スケジュールについて話し合う組織だ。例えば、50億ドル（7000億円）の借金《デット》（負債）を返済期限に返せなくなった貧乏国を、どのように処理（処分）するかを話し合う。

今、世界中には197の国がある。そのうちの48カ国は、いつ潰れてもおかしくない最貧国だ。その他に、アルゼンチンなどの南米や、ザンビアなどアフリカの多重債務国が40カ国ある。これらの国に金を貸している者たちがいる。表面上は、その資金はIMF（国際通貨基金）や世界銀行を通した政府間の借款《しゃっかん》だ。貧乏国たちを借金地獄に落として苦しめる仕組みを、初めから分かっていて、ディープステイトは作っているのだ。

こうした国王貸し、大名貸しの者たちがヨーロッパのパリクラブに集まっている。彼ら

強欲《ごうよく》の金融資本家集団＝The Deep State の悪魔崇拝の行き着いた涯《はて》が、気持ちの悪いLGBTQの過激化である

パリオリンピックの開会式（7月26日）で繰り広げられたのは、ドラァグクイーン（オカマたち）や王妃マリー・アントワネットの切断された頭、そして股間が膨《ふく》らんだ「スマーフ」（フランスの漫画に出てくる妖精）によるゾッとする見世物小屋の出し物だった。これが、欧米リベラル派が行き着いた涯《はて》の醜《みにく》さを表している。

がヨーロッパ全体のディープステイトである。彼らは本当にフランスのシャンゼリゼ通りやオペラ座の辺りの超一等の土地、建物をたくさん持っている。ドイツでいえば、一番の商業都市のフランクフルトの大きい超高層ビルを何十本も持っている。そういう者たちがディープステイトだ。

成り上がりなのにディープステイト側に付かなかった男

今の西側世界は、彼らの独裁だ。だからディープステイト独裁（ディクテイターシップ）だ。それをもう許さん、という動きが世界的に起きている。これがトランプ革命の中心的なテーマ、課題だ。

トランプ自身も一代目ではなく、父のフレッド・トランプが、東京でいえば墨田区や江東区に相当するクイーンズ区《く》（ボーロウ borough）で、10階建てぐらいの公営住宅を、たくさん作っていた人だった。息子のトランプは、さっさとマンハッタンに出てきて、ニューヨークの中心（マンハッタン区《く》）で、父親の財力と信用を足場にして、都市型デベロッパーとなり、次々と大きな高層ビルを建てていった。

ディープステイトは、映画『アプレンティス』（経営者見習い）を作って大統領選直前でトランプを貶《おとし》める

カンヌ映画祭で公開された。全米では大統領選挙直前の10月11日に公開。トランプの伝記映画『アプレンティス』“The Apprentice”。

アメリカのエンタメのバラエティ誌で、トランプ選挙チーム（選対《せんたい》）のソーシャルメディア担当のスティーヴン・チュン（P227）が反論。「このゴミ映画はトランプについて間違っていたことが明らかになったウソを、扇動的に扱った虚構であり、悪意の名誉毀損だ」と話した。

危ない借金を重ねながら50棟もトランプ・タワーを建てたから、まさしく大きな不動産屋、都市型デベロッパーだ。ニューヨークのユダヤ人の大手不動産屋——彼らは、まさしくフロリダのパームビーチに大邸宅を持っているような人たちだ——は、トランプに商売《ビジネス》で勝てなかった。そこが、トランプのすごさだ。

彼らは「私たちでもトランプには勝てなかった。建物ごと取られたよ」となった。トランプは、契約書に穴が空いているところを鋭く見つけては、その物件を自分のものにし、借金を半分しか返さなかった。それぐらいトランプというのは、本物の実業家（ビジネスマン）だ。本当はマフィアだ。

トランプは、ロイ・コーン Roy Cohn というニューヨークの弁護士の下に付いて、いろいろと学んだ。コーンは同性愛者で、ニューヨーク・マフィアの大《だい》幹部でもあった。2024年10月に『アプレンティス』The Apprentice（経営者見習い）という映画がアメリカで公開された。これは、20代のトランプ（1970年代）がコーンと出会い、そしてコーンが死んだ1986年までを描いている。

ハリウッドの映画業界はディープステイト側だから、当然トランプを良くは描いていない。トランプの選対《せんたい》チームの⑥スティーヴン・チュンは「この映画は、ウソを扇動的に扱った虚構だ」と批判した。大統領選挙にピタリと合わせて公開してトランプを貶《おとし》めるという、ディープステイト側の手の込みようだ。

トランプは、そういう恐ろしい世界から成り上がった男だ。ところが、トランプはディープステイト側に寝返らないで、最後まで民衆《ピーポー》の側に付いいた。これをポピュリストpopulist という。トランプはポピュリスト、つまりピープル主義者、人民、大衆の味方主義者を、ずっと一貫してやってきた。今もこの立場だ。

第1章で説明したように、ポピュリストの歴史は、アメリカ民衆の大きな希望と願いの闘いだった。たくさんのポピュリスト政治家が闘って死んでいった。今のトランプ革命は、それの再来だ。

欧米では「権力犯罪」という言葉は使ってはならない

7月13日のトランプ殺害未遂事件で、銃弾がトランプの耳をかすった。狙撃者《スナイパー》は、Bull's Eye（ブルズ・アイ、牛の目）と言って、目を射撃目標にして撃つ。銃弾があと1㎝ずれていれば、目を撃ち抜いていた。ところが、この時トランプが顔を正面に向けたので、スナイパーは的《まと》を外してしまった。だから、大きな責任問題がディープステイト内で出たはずだ。

この大失敗の一番の責任はＦＢＩにある。ＦＢＩと国土安全保障省（ＤＨＳ、Department of Homeland Security）という役所の下にシークレット・サーヴィスがいる。彼らが総《そう》がかりで、「絶対にトランプを殺してやる」という計画だった。なのに失敗した。

事件が起きたのは共和党大会の2日前、7月13日だ。党大会は15日からだった。アメリカの国家警察（政治警察）が総力を挙げてトランプを殺そうとした。だから、これは国家犯罪 state crime《ステイト・クライム》だ。権力犯罪 power crime《パウア・クライム》とも言う。

この国家犯罪、権力犯罪という言葉は、実は英語にならない。言葉自体はある。しかし使ってはならない。なぜなら、近代ヨーロッパで発達した法理論で「国家は悪をなさず」というのが有るからだ。

国家（政府）が悪《あく》をなしたら、裁判所が成り立たない。裁判官 judge《ジャッジ》たちが、国家そのものが悪だという判断を下すと大変なことになる。裁判官は justice ジャスティス、正義、あるいは正義判断を行うことになっている。そして、裁判官も国家組織の一部の公務員で

「国家は悪《あく》をなさず」という近代ヨーロッパの法理論が壊れつつある。国家(政府)が国家警察を使ってトランプ殺害という国家犯罪 state crime を行った

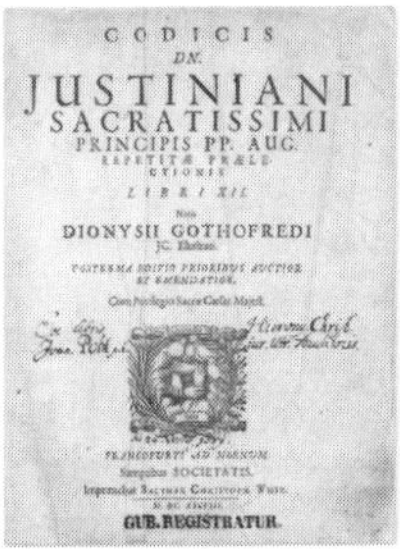

正義(法)の女神ユースティティア Justitia と東ローマ帝国のユスティニアヌス１世が作った『ローマ法大全』。なぜ、この法の女神は目隠ししているのか、誰も答えを知らない。東大の法哲学教授の長尾龍一が私にはっきり言った。正義 justice というのは、実は強い者に抱かれる。だから女神が目隠ししている、と。私はこの考えに賛同した。女はその時々の権力者に付き従う。このことは歴史の事実だ。

ある。

ローマ時代に Justitia ユースティティアという女神 goddess《ゴデス》が作られた。ギリシャ時代にはいない。その語源の Juris（ジューリス、ユーリス）が法律という意味だ。『ローマ法大全』という法律書がある。これは東ローマ帝国のユスティニアヌス皇帝（在位527～565年）が、学者たちにまとめさせて作った。Justinianus Code《コード》『ローマ法大《たい》全《ぜん》』という。これがヨーロッパ近代（1500年代から）になってからも、大事な法律の原理書となり、15～16世紀から後の近代国家でも使われた。

だから、法と正義の女神 Justitia《ユースティティア》は、日本人でも一応、知識人なら知っている。美人の女神様で、その顔は目隠しをしている。右手には、リーブラというてんびん棒を持ち、左手で剣《ソード》を下におろして持っている。

剣の意味は力、強制力、暴力だ。国家は暴力（実力）を独占した。暴力を市民が勝手に振るわせないようにした。国家が警察などの司法刑事職を独占した。そして、裁判所で裁き、剣の力で牢屋に入れたり、死刑にしたりする。

右側のリーブラ、てんびん棒 Libra《リーブラ》は、平衡《へいこう》 equilibrium《エクリブリアム》ということを意味する。両方のバランスを取るということだ。このエクリブリアムは、古代ギリシャの大思想家、アリストテレスが言った「分配的正義《ぶんぱいてきせいぎ》」distributive《ディストリビューティヴ》 justice《ジャスティス》 である。

正義（ジャスティス）というものは6種類ある（その説明はこの本ではしない）。エクリブリアムは、その3つ目である。エクリブリアム（正義を分配する）は、争う両者のバランスを取りなさいという意味だ。「相手に2000万円を返しなさい、払いなさい」という判決を下す。これが裁判所の役目だ。

ただし、これは世俗《せぞく》（セキュラー secular）の世界でのことだ。神の（ディヴァイン divine）世界には関わらない。あくまで地上の人間たちの利害関係で、ということになっていた。

神の世界《ディヴィニティ》に世俗の裁判官たちは関係しない。神の世界は、お坊さま（僧侶）たちの世界だから、関わってはいけないことになっている。お坊さまたちは、どこの国でも真実は見苦しいものであることが、もうバレてしまった、ここではその話はしない。

うろたえオロオロするアメリカの司法

では、なぜ法（正義判断《ジャスティス》）の女神様である justitia ユースティティアが目隠ししているのか。これが、日本の知識人は誰も分からない。弁護士たちも誰も答えることができないだろう。かつて私は、東大の法哲学 jurisprudence《ジュリスプルーデンス》（法の知恵という意味）の教授の長尾龍《ながおりゅう》一《いち》氏に呼ばれて話をした。私が『法律学の正体』（弁護士の山口宏氏との共著、宝島社、1991年刊）で、長尾教授の学識を褒《ほ》めたので喜んで、私を呼んだのだ。

その長尾龍一がはっきりと書いた。「正義（法）の女神は、実は強い者に抱かれる」と。だから、この法の女神は目隠しをしているのだ。私もそうだ、と長尾龍一に賛同した。こういうことを書くと、また女たちの一部がカアーっと怒る。大体の女は頭が軽いから、こんなことではカアーっと来ないが、頭のいい女たち（女秀才）がいて、カアーっと来る。だが、やっぱり女は強い男に抱かれるのだ。

正義判断や法と言ってみても、その時々の権力者の言うことに従うのだ。だから、権力犯罪《パウア・クライム》は有る。そして、大きな悪《あく》を為《な》した権力者たちは捕まらない。処罰されない。

広大なモンゴルの大平原で、強大なチンギス・ハーンと敵対して、戦って敗れた部族の幹部たちは、ほぼ全部皆殺しとなる。周りの下《した》の人間たちは逃げる。逃げた連中は生き残る。何百人かのきれいな女たちは捕まって、チンギス・ハーンと他の家来たちが分け合う。決して死なない。女というのはそういう生き物だ。そして子どもを産む。

その子どもたちの中に、滅ぼされた民族（部族《トライブ》）の憎しみがこもって、それが怨念《おんねん》となって連綿《れんめん》と続く。人類史とはこういうことだ。頭のいい女たちが、いくら私のこの書き方に抵抗しても、勝てるわけがない。

だから、世界中の裁判所の Jūstitia《ユースティティア》 像は目隠しをしているのだ。日本の最高裁判所では、吉祥天女《きっしょうてんにょ》の姿をしたヘンな女神像を飾っている。やっぱり目隠しをして、てんびん棒を持ち、剣を持っている。

日本のエリート階級で、西洋かぶれの最高裁の判事たちでも、何でこの女神が目隠ししているのかを、今はもう知らないだろう。尾高朝雄《おだかともお》という東大教授だけは知っていた。今は、誰も何も考えずに、ほったらかしにされて、ただの立派な法の神様ということになっている。そして、やっぱり権力者（支配者）は悪《あく》を為すのだ。

アメリカの裁判には陪審《ばいしん》制度がある。陪審は英語で jury ジュリーと言う。日本では、これが沢田研二の意味になるから本当に嫌《いや》だ。このジュリーが大《だい》陪審では grand《グランド》 jury《ジュリー》 と呼ばれる。トランプがポルノ女優とセックスして口止め料を払ったとか、トランプ・オーガニゼーションがお金をごまかしたとか、税金を払っていなかったなどという、そういうくだらないことで、トランプに34件の罪状で7月に有罪判決を下した。

ニューヨーク州の地方検事局やワシントンの連邦裁判所にトランプは起訴（インダイトindict）され、大陪審で12人の市民が合議し、トランプに有罪判決を下した。それで、トランプは有罪となり逮捕されて刑務所に入れられることになった。

だが2024年7月3日、即《すなわ》ちトランプ殺害大失敗の10日前、最高裁判所が、その34件について有罪判決が出ているのに、刑の言い渡しを9月に延期した。さらに、刑の言い渡し（センテンシング）そのものも、銃撃事件のその日に全部パアにし、無効にした。裁判そのものを無かったことにした。アメリカの裁判所も、こんなものなのだ。自分たち自身がうろたえてオロオロしている。

国民に選ばれた大統領という重大な地位《ステイタス》が本来持っている、免責特権《めんせき》（イミューニティ。immunity 免疫《めんえき》）を最高裁が認め、裁判そのものを無効にした。「これではいかん。私たちの責任問題も出てくる」と、自分たちの権限で全部無しにしたのだ。そういうことを、新聞記事を読んでいて、日本人の知識階級で理解できる人はほとんどいない。

ジョン・ロバーツ最高裁判所長官以下、justice《ジャスティス》を握り、権威があって偉い、偉いと、もてはやされた人間たちが今、相当にアメリカ国民からバカにされている。人々の尊敬がないと、裁判官はやっていられない。

ジョン・ロバーツ長官は、幼児虐待と悪魔の儀式（サタニック・リチュアル）に参加したことが露見した。彼もまた、悪魔崇拝の島である〝エプスタイン島〟に行ったことが暴かれた。リン・ウッドというトランプ派の勇敢な弁護士が、証拠付きで公表した。

これらの事実は拙著『裏切られたトランプ革命』（秀和システム、2021年刊）に詳しく書いた。証拠の写真もたくさん載せた。それでも私の本の読者たちでも、こういう恐ろしい話になると目がうつろになって、ボーっとなって、自分の脳（思考）で考えられなくなるようだ。

最高裁判所長官の名前も知らない日本人

日本はひどい土人の国だから、日本人は誰も自国の最高裁判所長官の名前を知らない。私も知らない（笑）。形だけは近代国家の、ウソ八百だらけの国だ。

ブラジルだろうがフィリピンだろうが、国民は皆、自分の国の最高裁長官の名前だけは知っている。三権（3つの権力）の長だからだ。首相か大統領、国会議長、最高裁長官の名前だけは、小学生でも知っている。日本人は誰も知らない。エッ？　ホント？

日本の最高裁は、「日米安保条約《あんぽ》（軍事条約）は日本国憲法より上《うえ》にあります。だから私たちでは裁けません」と、はなから自分の権威（権限）を放棄した。1957年、米軍立《たち》川《かわ》基地の拡張をめぐり砂川町《すながわ》（現立川市）で米軍と住民が衝突し、基地に入った住民が逮捕され、起訴された。その裁判で、当時の最高裁判長が「私たちは、日米安保条約が日本国憲法に適合するか、違憲《いけん》（憲法違反）かの判断をしません」という判断をした。

もっと分かりやすく真実を言うと、「日米安保条約は日本国憲法より上にあるのです。だから私たち、たかが勉強秀才である裁判官ごときが政府（行政庁）の行動の善悪を判断できません。駐留米軍さまを裁《さば》くなんて、もっとできません」という判断をしたということだ。ある意味では正直だ。アメリカの手先、言いなりだ。

当時、最高裁判長だったのは、東大教授上がりの田中耕太郎である。田中は、のちに日本人初の国際司法裁判所（ICJ《アイシージェイ》）の判事にもなった。安保が憲法より上だと田中が認めた1959年の判決から、日本の司法は権威がなくなった。国民が最高裁判所長官たちを尊敬しなくなった。

当の裁判官たち自身もこのことに自覚があり、もう威張る気がなくなってしまった。これが今の日本という国だ。ある意味では大人ちゃんだ。国家は justice《ジャスティス》 正義を握っている、などということは無いのだよ、と分かっている。だから私、副島隆彦が power crime《パウア・クライム》 という言葉を平気で使って教えるのである。

ヨーロッパ近代国家、近代社会ではずっと、「国家は悪を為《な》さない」となっている。今でも。ところが、日本ではそうではない。権力者たちも悪いことをする。江戸時代の幕閣（老中《ろうじゅう》）とか奉行・代官たちだ。御用《ごよう》商人（両替商《りょうがえしょう》。のちの銀行）の越後屋と悪代官《あくだいかん》がグルになって「おぬしもワルよのう」と言い合っているテレビドラマのシーンが、日本ではずっとある。だから、日本人は権力犯罪を割と認めている。

だから副島隆彦が、権力犯罪そのものである conspiracy コンスピラシーを「権力者たちによる共同謀議と訳せ」と言い続けているのだ。ところが、誰もこのことを理解しようとしない。だが、今回のトランプ殺害失敗で、「ああ、やっぱり権力者たちが総がかりで犯罪をやるんだ」と、みんな薄々《うすうす》気づいた。日本で、ここまではっきりと書いて説明する者は他にはいない。

アメリカ国民だって、みんなこのことに気づいている。だが、アメリカは近代国家で、ヨーロッパから流れてきたデリバティブ（派生品）だから、国家も悪を為すというのは、なかなか脳に入らない。それでも、もうそろそろアメリカ人の脳の中にも入ってきた。この巨大不正選挙をやる悪《あく》の国家そのものを打ち倒さなければならない、という議論になってきた。

日本の副島隆彦が天才だというのは、こういうことなのだ。権力者たち自身による共同謀議は有る、という理論を、だから conspiracy theory と言うのだ。

これまで「ああ、陰謀論（者）だね」と言って、私、副島隆彦のことをあざ笑っていた者たちの顔が最近、凍りついている。私のすぐ周りでも、「あら、どうも自分の考えは甘《あま》かったかな」と思っている人が、たくさん出て来ている。「本当だ。権力者って本当に悪いことをするんだ」と。ヨーロッパ、アメリカの民衆もそうなってきた。

それがトランプ革命の一部で出てきた。これで皆さんも justice 法と正義なるものの真の意味が分かったでしょ。強い者に抱かれるんだよ。強いほうに付くのだ。即《すなわ》ち、現実の人間世界はキレイごとではない、ということだ。

grand jury 大陪審で決めたトランプの有罪判決が全部消えてなくなった。それは、やがてアメリカが国家分裂に向かう途中において重要なことだ。日本ではニューズの記事で報じられただけだ。誰も相手にもしない。

国家を支配する権力（統治《とうち》権）は、何によって存立するか。それは、民衆の支持と尊敬だ。だから respected by people「リスペクテッド・バイ・ピーポー」だ。民衆によって支持され、尊敬されていない者は権力者になってはいけない。

「もうこうなったら、おまえに社長を任せる。おまえじゃなければ、我が社（国）はこの苦しい状況を生き延びられない。だからおまえがワルでもいいから、とにかく私たちに給料を払ってくれ、食わせてくれ。私たちも我慢して働くから」

こういう支持が社長にあるから従業員は働く。安い給料でも。会社を辞めたら食っていけないからと。この原理が国家次元でも有る。民衆《ピーポー》というのは弱くて見苦しい存在だ。民衆（従業員、労働者）を甘やかしてはいけない。だが、民衆は民衆で大人だ。何でも分かっている。とくに我慢することには慣れている。何とか食えればいいと考える。社長に反抗して逆らったやつらは会社から追い出されるので、会社にしがみつく。

この民衆の穢《きたな》らしさと弱さをちゃんと自覚して、このことを平気で書くのが本当の言論人だ。副島隆彦だ。人民革命を民衆は簡単には礼賛しない。民衆（従業員）は臆病だからだ。民衆は貧乏人だ。貧乏人は一言で言うと馬鹿だ。馬鹿で能力がないから貧乏人をやっているのだ。これも言ってはいけないことになっている。

だが、もう言わなければならない。キレイごとを言うな、穢《きたな》いことを言え、というのが副島理論の出現なのだ。だから、私は本当の本当のことを書く、と。

第4章 権力とカネを握り続けるディープステイトの恐ろしさ

悪の実行部隊はFBIである

今のディープステイト側には民衆の支持がない。だから支配《ルール》の正統性（レジティマシー）がない。「トランプを絶対に殺してやる」と考えた連中が失敗に終わった。なかでもFBIが一番の悪の巣窟《そうくつ》だ。FBIの中のトランプ支持派の幹部たちは、ほとんど退職させられたようだ。トランプが権力を握ったらFBIは解体される。新しい政治警察は大統領の直接の下に置かれる。「プロジェクト2025」に、そう書いてある。

FBI長官のクリストファー・レイと、DHS長官（Department of Homeland Security、国土安全保障省）のアレハンドロ・マヨルカス、そしてシークレット・サーヴィス長官をクビになった女のキム（キンバリー）・チートルという者たち。彼らを分かり易《やす》く言うと、ディープステイトの業務執行役員（エグゼクティヴ・オフィサー）だ。

CEO《シーイーオウ》という言葉が日本にも導入されたが、みんなイヤになっている。横文字はイヤだ、以前の代表取締役社長に戻せ、となっている。チェアマン、会長というのは株主総会の会

FBIやCIAや国土安全保障省を動かすディープステイトの表《おもて》の顔が、ヒラリー・クリントンである

私は15年前からヒラリー（現在77歳）の極悪ぶりを糾弾《きゅうだん》してきた。ISIS（イスラム国）を作ったのもヒラリーだ。日本の民主党政権時代の前原誠司外相らも操られ続けた。ヒラリーの子分がリチャード・アーミテージとジャパンハンドラーのマイケル・グリーンだ。尖閣諸島沖で中国漁船にわざと海上保安庁の船を衝突させたのも、日中戦争をもくろむ彼らの策略だ。

ヒラリーらディープステイトは、カマラ政権を使って、何とか台湾有事を引き起こそうと、自衛艦を台湾海峡にわざと侵入させたりしている。それに対決して、私は「アジア人どうし戦わず」を主張している。

長（議長）のことだ。大抵の中小企業の会長は、一応その前の社長でオーナーだ。ＣＥＯ Chief《チーフ》 Executive《エグゼクティヴ》 Officer《オフィサー》 が業務執行役員だ。だからＦＢＩ長官たちは、このエグゼクティヴ・オフィサーだ。業務（政敵殺しも）を執行するのだ。

それに対して、ヒラリー・クリントンやジョージ・ソロスは、彼らよりも上にいて、ディープステイトの表《おもて》に出ている人間の代表だ。

「4年前のトランプ大統領潰《つぶ》しの不正選挙 voter《ヴォウター》 fraud《フロード》 の実行に加担した連中を全員、証拠付きで逮捕せよ。国家反逆罪だ。逮捕して裁判にかける」というのがトランプ勢力の主張だ。

こうしたことが、それとなく「プロジェクト２０２５」に書いてある。この提言書で、これからこうする、ああする、これをやる、と宣言している。その執筆者を含めたトランプ側近の主要な人間たちを、第6章で顔写真付きで番号を付けて、私が解説していく。

その序文を書いた⑪ケヴィン・ロバーツ ヘリテージ財団会長が、7月から苦しい立場に立たされた。前述したように「プロジェクト２０２５」の内容が、民主党側から激しく攻撃された。トランプ政権ができたら、自分たちはパージ（解職）され、逮捕され、裁判にかけられる。だから、ディープステイト側の議員と官僚たちが激しく怒った。

だがケヴィン・ロバーツは動じない。ロバーツが命令して、⑫ポール・ダンスという人物に「プロジェクト2025」の全体をまとめさせた。ところが7月30日、ロバーツはダンスをヘリテージ財団からクビにせざるを得なかった。それに関する記事を載せる。

「プロジェクト2025の責任者が退任、トランプ前米大統領の批判受け」

米保守系シンクタンク、ヘリテージ財団が主導していた「プロジェクト2025」の責任者が退任した。第2次トランプ米政権が誕生した際の政策構想をまとめたとされる同プロジェクトを巡っては、トランプ前大統領自身が批判していたほか、民主党は繰り返しトランプ氏への攻撃材料に使っていた。

ヘリテージ財団のケヴィン・ロバーツ会長は7月30日、「プロジェクト2025を指揮したポール・ダンス氏がチームを去る」と声明で明らかにした。

プロジェクト2025にはトランプ政権時代の有力アドバイザーが複数関与してい

るが、トランプ氏はこれまでこの構想について「私は何も知らないし、誰が背後にいるのかも知らない」と述べて、距離を置こうと腐心している。

（2024年7月31日　ブルームバーグ）

ケヴィン・ロバーツは、「次の新しい組織で頑張ってくれよ」と言ってダンスを見送った。ポール・ダンスも元気そうだ。彼が「2025年大統領移行プロジェクト」Presidential《プレジデンシャル》 Transition《トランジション》 Project のディレクターだった。ダンスは、前のトランプ政権の時、人事管理局OPM（Office of Personnel《パーソネル》 Management）の首席補佐官を務めていた。

「プロジェクト2025」関係で、ほかにも重要な人物がいる。P103に顔を載せた⑨ピーター・ナヴァロだ。それと⑬ドナルド・ディヴァインが重要だ。このドナルド・ディヴァインの下に、今説明したポール・ダンスがいた。

ドナルド・ディヴァインは、YAF《ワイエイエフ》（Young Americans for Freedom）という、保守派とリバータリアンからなる、一番頭のいい学生運動の団体があって（現在は Young America's Foundation に統合）、学生時代から、そこの筋金《すじがね》入りの活動家だ。

ディープステイトという言葉を作ったのはJBS

ジョン・バーチ・ソサエティ JBS《ジェイビーエス》（John Birch Society）という独特の政治団体がある。この団体は、アメリカで戦後に反共産主義の右翼思想を、一番最初に作った人たちだ。

ジョン・バーチという人は、第2次世界大戦のときアメリカの軍の情報部員で、表向きは従軍牧師《じゅうぐんぼくし》（chaplain チャプレン）として満州で金日成《キムイルソン》の生い立ちや裏の素顔を探《さぐ》っていて中国共産党軍に殺された。このジョン・バーチという反共保守の米軍人を記念して、その名前を冠《かんむり》にした団体がJBSだ。

1958年に設立され、創立者は、ジュースメーカー、ウェルチ Welch's の創業者トーマス・ウェルチだ。そして1983年、ウェルチの跡を継いで会長になったのがラリー・マクドナルドだ。彼は、会長就任後すぐに、乗っていた大韓航空007便がソ連に領空侵犯し、樺太《からふと》沖で撃墜された事件で死亡した。

このJBSが、最初に「ディープステイト」という言葉を言い出したのである。「裏に隠れている超《ちょう》財界人たちがアメリカの政治を握っており、許せないことだ。デモクラシー

（民主政体）ではない」と主張した。

ところがＪＢＳは、反共右翼の集団である。これがリバータリアニズムと隣接していて、ここのところがアメリカの知識人でもなかなか区別ができない。思想の分類、党派の分類が難しい。混ざっていると言えば混ざっている。

ドナルド・ディヴァインやポール・ダンスが知識人として、「プロジェクト２０２５」をまとめたが、もっと言えば、彼らはＫＫＫ《ケイケイケイ》かもしれない、と言われている。Ｐ67に顔を載せた④スティーヴン・ミラーもそうだろう。ＫＫＫは、正しくはKu Klux Klan《クー クラックス クラン》と言い、メンバーをKlansman クランズマンと言う。

ＫＫＫは南北戦争（１８６１～65年）の頃、作られた。南部《サザン》の白人たちの泥くさい強固な政治思想団体だ。何回も潰されたが、今も脈々と隠然《いんぜん》と、アメリカ南部社会に独自に生きている。

反カソリックであるＫＫＫの素晴らしい主張

私は、クランズマンが嫌いではない。だが、このことも普通は言ってはいけないことになっている。クランズマンの素晴らしさの第1点が、反《はん》カソリックだ。

同じキリスト教でも2000年間、ヨーロッパで威張り腐って、白人世界を支配してきたのがローマ・カトリック教会だ。それに刃向《はむ》かうのが、アメリカの土俗的な福音派Evangelical《エヴァンジェリカール》というプロテスタントのキリスト教徒たちで、右翼っぽくてちょっとおかしなところもある。南部にいっぱいある白人たちの教会だ。黒人たちの福音派の教会も別個にあるが、こちらは無視してかまわない。

ホーリー・ローラー holy roller と言って、教会でみんなで賛美歌を歌っているときに、口から泡を吹いて床にごろごろ転がる者たちがいる。興奮してトランス状態に入る信者たちのことだ。日本にも来ていたペンテコステやセブンスデー・アドベンチスト教会が、この感じだ。ドイツではルター派をエヴァンジェリカール（福音派）と言う。カルヴァン派もいる。長老《ちょうろう》派（プレスビテリアン）とも言う。

大きくは、そういうキリスト教のプロテスタント教徒の総称だ。この人々が今、トランプ支持で一丸となっている。

この人たちが住んでいる地帯を「バイブル・ベルト」Bible Belt という。バイブル（聖書）を死ぬほど読む人々が今、トランプ勢力に結集している。各州の田舎の商店主とか農場主とか、小金持ちたちだ。彼らは経済的に自立している人たちで、ただの従業員ではない。従業員だとしても企業の幹部たちだ。こういう人たちがアメリカ保守勢力の中心部分で、共和党を支えている。

H《エイチ》・L《エル》・メンケンというアメリカの知識人が、「バイブル・ベルト」という言葉を作った。アメリカの中西部（ミッドウェスト）と南部《サザン》の白人たちの思想だ。

KKKが、反《はん》カソリックだというのは素晴らしいことだ。そして、KKKは反《はん》ユダヤ主義でもある。本当はニューヨークにいるユダヤ人たちを Yankee ヤンキーと言う。ヤンキーはアメリカ人へのただの蔑称《べっしょう》ではない。ヤンク Yank とは、臭《くさ》い匂《にお》いのするゴーダチーズを食べるユダヤ人のことで、塩漬け豚ハム（ポーク）を食べる下層のイングリッシュとニューヨークで対立した。

ヤンキー（ユダヤ人）が南北戦争のあと、南部人を金融や商売で支配して虐《いじ》めた。この真実も日本人に教えないことになっている。だから、「NYのヤンキーがアメリカの金融を握っている。私たち真のデモクラシーを実現しようとする人間たちを追い詰める。彼らは、ワシントンの政治家や官僚たちを使って権力を全て握った。まさしくディープステイ

KKKは単なる黒人差別団体ではない。反《はん》カトリック、反《はん》ユダヤ、反《はん》フェミニズム、反《はん》LGBTQでもある。素晴らしいことだ

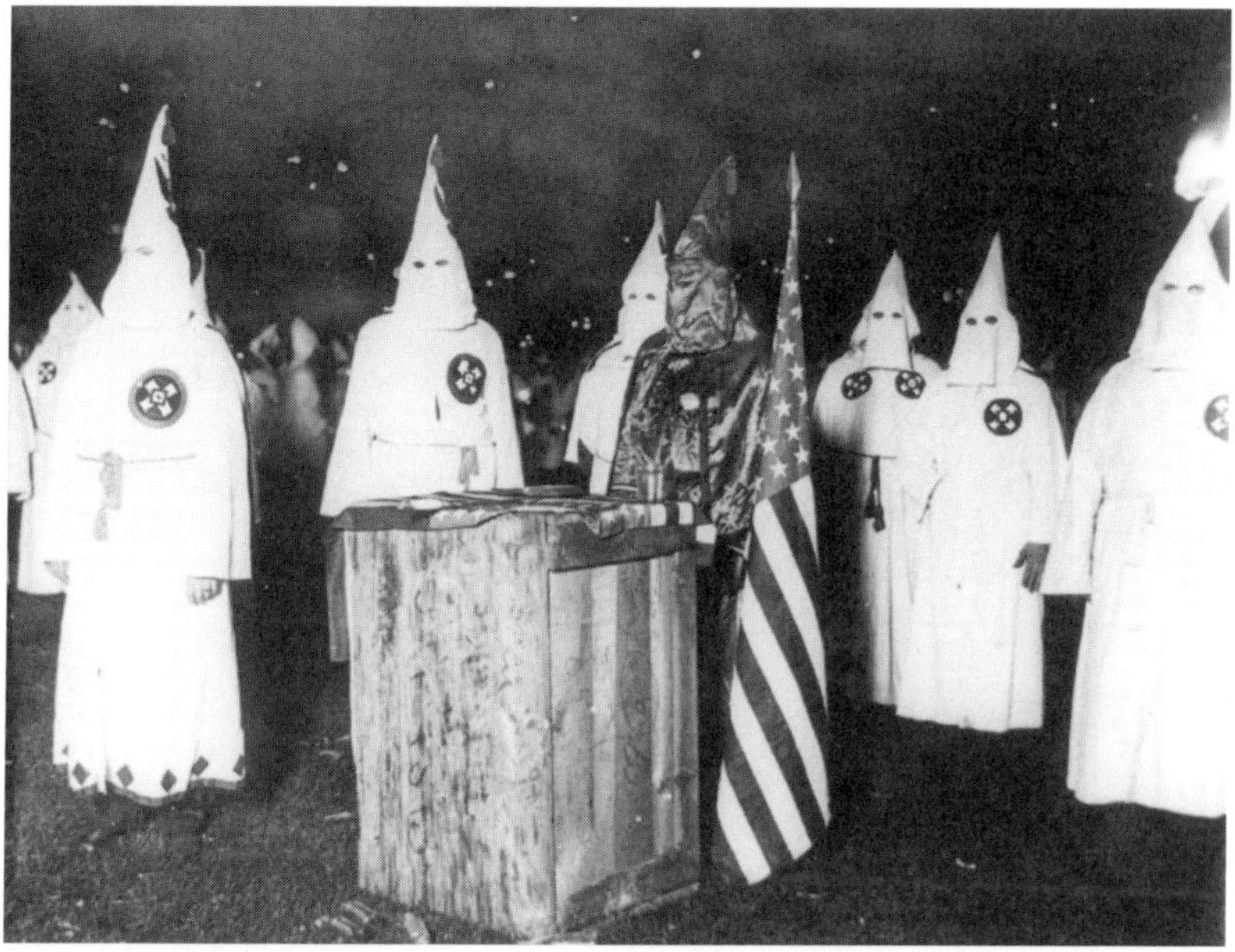

KKKはKu Klax Klan（クー・クラックス・クラン）の略称だ。北部による南部支配への反発から始まった。やがて反《はん》黒人、反《はん》ユダヤ（ニューヨークのヤンキー商売人）を訴えるようになり、勢力が拡大した。第33代アメリカ合衆国大統領で日本に原爆を落としたハリー・トルーマンもKKKのメンバーだった。1960年代の公民権（シヴィル・ライツ）運動にも抵抗した。そのメンバーをKlansman（クランズマン）と呼ぶ。

トだ。だから許さん」となった。

農場《ファーム》で、牛や馬の食べる干し草をうわーっと上に束ねていく、大きくて長い鍬《くわ》をピッチフォーク pitchfork と言う。このピッチフォークを手に持って、一斉にワシントンに集まれ、あいつらをこれで叩きのめそう。こういう文言が、実は「プロジェクト２０２５」の最初に書いてある。

実際にこうある。

This book is an invitation for you the reader—Mr. Smith, Mrs. Smith, and Ms. Smith—to come to Washington or support those who can. Our goal is to assemble an army of aligned, vetted, trained, and prepared conservatives to go to work on Day One to deconstruct the Administrative State.

（日本語訳）この本は、読者のあなた方——ミスター・スミス、ミセス・スミス（スミス夫人）、そしてミズ・スミス（スミス女史）——にワシントンに集結して、それぞれできる限り力を出してほしいという招待状だ。

④スティーヴン・ミラーの思想の系譜は、私の尊敬する保守知識人パット・ブキャナンに連なる。pitchfork《ピッチフォーク》を手に握る

パット・ブキャナン(86歳)は、ニクソン大統領のスピーチライターをした人で、米大統領選挙に２回出た。1970年代から、「南の国境線のすべてにバーブワイヤー barbwire 鉄条網を敷け」と主張した。

ブキャナンが「あのソビエトは滅んだ。もうアメリカは家に帰ろう。アメリカの若者を、これ以上、外国の戦場で死なせるな」と、ぶち上げた。アメリカ国内を重視せよ、のアイソレイショニズム(✕孤立主義。国内優先の思想 ＝ America first！)の大《だい》復活であった。

私たちの目標は、選び抜かれ、よく訓練され、そして準備万端な保守派が団結した軍隊《アーミー》となって集まり、「第1日目」から官僚国家（アドミニストレイティヴ・ステイト）を解体することだ。

ワシントンに結集し官僚国家を解体せよ

ミスター・スミス、ミセス・スミス、そしてミズ・スミス Mr. Smith, Mrs. Smith, and Ms. Smith よ、みんなが集まり、そして団結した軍隊 assemble an army of aligned《アラインド》 となってワシントンに結集せよ come to Washington。

そして、選抜され vetted、断固たる決意を持った保守派 trained, and prepared conservatives は、to go to work on Day One――ここだ。――この大統領就任式の1月20日に、あいつらを全部捕まえる。ヒラリー以下悪いやつら全員。そして、解体せよ to deconstruct 官僚国家を the Administrative State と。

この Administrative State がディープステイトのことだ。ものすごい数の悪い官僚たちによってアメリカの政治は支配されており、しかも、その裏側に大富豪たちがたくさんいるという意味だ。

第7代大統領のアンドリュー・ジャクソンが、優れた人物だった。上級官僚たち2000人くらいを、就任後ただちに全員クビにした。そして自派（自分の言うことを聞く者たち）と取り換えた。これが、今も憎しみを込めて spoils system「スポイルズ・システム」猟《りょう》官《かん》制度と呼ばれる。スポイルとは、権力の強奪、略奪の意味だ。これを「ジャクソニアン・デモクラシー」と呼ぶ。

A・ジャクソンは軍人で、南部ニューオリンズでの戦争で勝利した英雄である。トランプ大統領の執務室の横の応接室には、必ずこのアンドリュー・ジャクソンの写真がかけてあった。

ディープステイト側から見たら、トランプ派のやろうとすることは制度の破壊だ、無秩序（アン・アルケー。アナーキー）だと考える。「プロジェクト2025」の最初のところで、Mr. Smith みんなピッチフォークを持って集まれ、と書いているのだから、これは民衆革命だ。一言で言うと「内戦を起こせ」と言っている。P147のパット・ブキャナンが手にしているのが、まさしくピッチフォークだ。

このMr. Smithという言葉に意味がある。Smithは山田さん、佐藤さんと一緒で、ありふれた苗字、つまり一般国民のことだ。Mr. Smith Goes to Washingtonという映画がある。邦題は『スミス都へ行く』（1939年、フランク・キャプラ監督、ジェームズ・スチュアート主演）だ。これは、私の映画評論本『ハリウッド映画で読む世界覇権国アメリカ』（上下、講談社、2004年）で解説した。

田舎の百姓の若い男が偶然、大富豪の相続人として富を得て、州民の支持を集めて選挙に出て上院議員となりワシントンに来る。そして、ワシントンの汚れた政治をきれいにしようと闘って、裁判にかけられて、ひどい目に遭《あ》う。だが、追い詰められた男は議会で大演説を行い、最後は正義を勝ち取るという映画だ。この映画にあるのは「首都を掃除してきれいにしてやろう」という思想だ。

こういうことを私が日本人に教えないと、いつまでたっても日本人は本当のアメリカ民衆の歴史が分からないままだ。民衆はpeopleピープル（本来はピーポーと発音する）だ。だから、ピーポーイズム（民衆主義《みんしゅうしゅぎ》）がポピュリズムなのだ。

トランプが絶対に態度を変えないで、民衆の側に付いている。だから、民衆はトランプに付いていく。トランプが殺されそうになって、カアーっと怒ったトランプ派の元軍人と

トランプがホワイトハウスの応接室の壁にいつも飾っていた第7代大統領アンドリュー・ジャクソンの肖像画

トランプたちは、ポピュリスト「民衆主義者」のジャクソン大統領を尊敬している。ジャクソン大統領は軍人上がりで、ワシントンに巣食う官僚たちの首をまとめて切った。そして国立銀行を廃止した。金貨と銀貨を誰でも自由に作れるとした。

かが、たくさんいる。彼らは「もう許さん」となり、自分の銃を一所懸命磨《みが》いている。だからアメリカは市民戦争、シヴィル・ウォーにやがてなるのだ。

トランプ派に、ロバート〝ボビー〟・ケネディ・ジュニアが合流した。P49に写真を載せた。

アメリカは武力衝突の段階に入った

ただし、10月4日に日本でも公開された『シビル・ウォー』という映画のように、華々《はなばな》しくワシントン総攻撃みたいなことはない。ディープステイト派の知事がいる州の、恐らくケンタッキー州やテネシー州、イリノイ州（大都市シカゴがある）との州境で、ワシントンの政府軍（連邦軍）と、トランプ勢力の独立（連邦離脱《セセション》）州の州兵 national guard が対峙《たいじ》して、睨《にら》み合いになる。2年後くらいだ。

テキサス州を中心にして、トランプ勢力の民兵 state militia ステイト・ミリシアも、徐々に組織されて動き出す。今は沈黙しているテキサス州知事のグレッグ・アボットが重要だ。この男はトランプを裏切らない。だから州兵を、それとなく仕方なく、「私が命令したわけじゃない」とか言って州兵とステイト・ミリシアを動かす。

ステイト・ミリシアは、アメリカ合衆国憲法に書かれている武装民兵のことだ。「いざというときはミリシアが銃を持って戦っていい」と、アメリカ合衆国憲法修正第2条に書いてある。「よく訓練され規律あるミリシアは国家を守るために必要だ」とある。

こうした民兵《ミリシア》の実態は元《もと》軍人 veterans《ヴェテラン》 だ。みんな金持ちではない庶民だ。銃の撃ち方は、諸外国の戦地に派遣されて実戦も経験した人たちだから、よく知っている。

アメリカの伝統である、地域社会を守るための posse ポシーと呼ばれる自警団《じけいだん》が、町ごとに組織される。このポシーは、古代ギリシャやローマ帝国に有った posse comitatus ポシー・コミテイタスの流れを引く。町、小都市ごとの自衛組織で自警団《じけいだん》だ。ならず者や、殺人犯を追跡する山狩りや討伐隊、追跡部隊となって、保安官《シェリフ》の下で自分の銃を持って自発的《ヴォランティーア》に集まって、自分も死ぬ覚悟で参加する。

第16代大統領エイブラハム・リンカーンはワルだが、若い頃、郵便局長をしていてポシーの隊長になって、保安官 sheriff と一緒に討伐隊を率《ひき》いて、犯罪をしたインディアン征伐に行ったりした。だからミリシアやポシーは、こうしたオヤジたちが「行くぞ」と言って、みんなで武装して戦いに出るということだ。

この動きが今、どんどんアメリカで出来つつある。急いでこのことを、私が日本人に教えなければいけない。前に説明したように「プロジェクト２０２５」の冒頭から、そういうことが書いてあるので、ディープステイト側はそれに対して激しく怒っている。そして脅《おび》えている。俺たちが捕まる、と思っている。そういう殺し合いの段階に、アメリカは入ったのだ。

ただ、トランプ派の武装勢力も、みんな死にたくないのが実態だ。死ぬ気で戦うということは、過激派でなければできない。となると、やっぱり若者たちだ。

8月19〜22日まで、民主党の党大会がイリノイ州の大都市シカゴで行われた。イリノイ州知事のＪ・Ｂ・プリッツカーは、ハイアット・ホテルグループを持つプリッツカー家という金持ち一族の息子だ。一時は彼も大統領候補と言われた。

このプリッツカーが、自分の州兵と警察隊を動かして、党大会に抗議に集まったトランプ派の貧乏な白人の若者と労働者を排除する。それがアメリカ革命の始まりのはずだった。トランプ革命の動乱が始まるはずだった。だが、まだトランプ勢力には、自主軍隊の前衛《ぜんえい》（vanguard ヴァンガード）になる部隊が組織されていない。これからだ。

アメリカで起こっている民族大移動の実態

西海岸のカリフォルニア州とオレゴン州、ワシントン州などは、また別個に独立する動きをする。トランプ勢力（アメリカ中央国《セントラル》）には付かない。カリフォルニアのＩＴ企業であるピーター・ティールやイーロン・マスクの会社が、どんどんテキサスに移動する。引っ越しして家を買い替える。アメリカの民族大移動だ。

ちょっと日本人には理解できない。何十万人もが、まとめて仙台や札幌から大阪に引っ越します、といったことは簡単にはできない。

アメリカにも転勤はある。会社の転勤命令が出れば、幹部たちには移転費が出る。従業員も、どうしても新工場で必要な労働者たちには、「テキサスに新工場ができるから来てくれ」となる。そのとき、引っ越し代や住宅手当まで全部出す。だから、激しい移動が起きている。一番下層の労働者たちは動かない。絶対に地元を離れられない人たちがいる。

Ｐ１５７の図にもあるように、カリフォルニア州は人口４０００万人、テキサス州は３０００万人である。カリフォルニアからテキサスへ、１００万、２００万人が移動しつつある。ただし、ディープステイト側が、トランプ勢力（連邦離脱州《しゅう》）の大《だい》都市を押さえている。地方財界（ビジネスサークル）を押さえている。テキサス州でもニューオリンズとダラスは、ディープステイト側が強い、と西森マリーさんが言っていた。

ジェイムズ・ベイカー3世というブッシュ（父）政権で国務長官をした人物がいる。1990～91年の湾岸戦争（ザ・ガルフ・ウォー）の時に有名だった国務長官だ。

この男を生んだベイカー家は、テキサスのヒューストンの名家だ。ところが、石油開発でロックフェラー家にひどい目に遭《あ》った。それにもかかわらず、ロックフェラー家の番頭であるブッシュ家に屈服して、今も結局ディープステイト側にいる。ヒューストンで石油ビジネスを握っている。

では、テキサスを中心にした「アメリカ中央国《セントラル》」が生まれるとき、株式市場をどこに作ればいいのか。政府機関はどこになるのか。そういうことを私、副島隆彦は勝手に自分で推測して考えなければならない。きっと3番目の大都市であるサンアントニオ市の郊外、即《すなわ》ちメキシコ寄りに新共和国の首都を建設するだろう。新共和国（アメリカ中央国）は、メキシコ国、そしてニカラグア運河が開通した後の中国との物流（貿易）で生き延びてゆく。

アメリカでは着々と東部国、西部国(太平洋側)から、中央国(P79)への民族大移動が進んでいる

順位	州	2023年	2020年	増減
1	カリフォルニア	3896万人	3954万人	−58万人
2	テキサス	3050万人	2914万人	＋136万人
3	フロリダ	2261万人	2154万人	＋107万人
4	ニューヨーク	1957万人	2020万人	−63万人
5	ペンシルベニア	1296万人	1300万人	−4万人
6	イリノイ	1255万人	1281万人	−26万人
7	オハイオ	1178万人	1180万人	−2万人
8	ジョージア	1103万人	1071万人	−32万人
9	ノースカロライナ	1084万人	1044万人	＋40万人
10	ミシガン	1004万人	1008万人	−4万人
11	ニュージャージー	929万人	929万人	0万人
12	ヴァージニア	872万人	863万人	＋8万人
13	ワシントン	781万人	771万人	＋10万人
14	アリゾナ	743万人	715万人	＋28万人
15	テネシー	713万人	691万人	＋22万人

＝中央国　＝東部国　＝西部国

出典：Britannica

私がP79で示したアメリカ国家分裂後の西部国(太平洋側)の中心、カリフォルニア州は、この3年で人口が約60万人減った。東部国の中心、ニューヨークとペンシルベニア、イリノイ州などを合わせると100万人の減少だ。大きく増えたのは、トランプの住むマール・ア・ラーゴがあるフロリダ州だけだ。

中央国の中心、テキサス州は130万人以上増えている。ここが、新共和国の中心だと、アメリカ国民が分かっている。

教科書では教えない南北戦争の真相

私たちは歴史に学ばなければいけない。古代ローマ帝国が攻め滅ぼしたカルタゴの都市で、フェニキア人たちが殺された。上の1割は皆殺しにされた。しかし、下の9割は生き残った。帝国はそうした人たちは殺さない。彼らは、そのままローマの言うことを聞いて生きていくからだ。

どんな時も土着の人々である原住民は生き残る。だから、トランプ革命＝アメリカ動乱＝The Second Civil War 第2次南北戦争になっても、9割のアメリカ人は生き残る。外国に出ていくこともしない。死んだり逃げたりするのは責任者たち、上のほうの活動家だ。

どんな時代もそうだ。南北戦争で死んだのは双方で80万人ぐらいだ。南軍のほうがたくさん死んだが、北軍も死んでいる。負傷兵として生き延びた人たちが、その3倍いる。

私たち日本人も教科書で習ったリンカーンというのは、本当は悪い男だ。徴兵制（draftドラフト）をアメリカで最初に作ったのはリンカーンだ。連邦政府（北軍）は23州であり、ニューヨーク、ワシントン、ボストン、フィラデルフィアなどの大都市を全部握っていた。そして、都市の貧しい労働者たちを徴兵した。

北軍は弱かった。南軍（首都はリッチモンド。ワシントンの南たった170㎞で睨《にら》み合っていた）のほうが強かった。南軍は将校しかいなかった、と言われるぐらい気合いが入っていた。北部出身なのに南軍に付いた将校たちも大勢いた。

彼らは陸軍士官学校（West Point ウエストポイント）を出ている。だから、お互いを知っている。同じ釜のメシを食った仲間だ。自分より何歳上、下ということも知っている。「おまえ、こっち側か、あっち側か、態度をはっきりさせろ」と言って結局、8割ぐらいが南軍に付いたらしい。南軍のほうが正義だ、正しいのだ。北軍は悪いやつらで、ニューヨークのユダヤ人 Yankee《ヤンキー》 の金融財界人に握られている、と。

それでも、4年間の戦いで南軍が負けてしまった。北部の都市の労働者たちが、強制的に徴兵されて、鉄砲を持たされて、ゲティスバーグ（何とワシントンのずっと北方にある）の激戦でもたくさん死んだ。南軍がぐるりと回り込んで、北からワシントンに総攻撃したのだ。無謀《むぼう》だった。

実際は、夫や息子を兵隊に取られると、残された家族は働き手を失って飢えて死ぬ、という時代だった。だから、ニューヨーク市で1日だけ徴兵反対の暴動が起きた。すぐに鎮圧された。映画『ギャング・オブ・ニューヨーク』（2002年。マーティン・スコセッシ監督）に描かれた。

南軍は黒人たちの部隊を作った。北軍にも黒人の部隊があった。奴隷解放の前に、南部の雇い主から逃げてきた黒人たちが部隊を作った。リンカーンのすぐ横に黒人の将軍がいた。南軍にはインディアンの部隊もいた。南軍に付いたチェロキー族の将軍は、敗戦後も降伏しないで、メキシコまで部族と共に逃げた。だから、ぐちゃぐちゃの戦いだった。

映画『風と共に去りぬ』（1939年）に出てくるジョージア州の州都アトランタで南軍が包囲されて、あそこだけで5万人くらいが死んだ。その様子が映画のシーンに出てくる。アトランタの市庁舎（シティホール）の前の広場一面に、手足が吹き飛んだ負傷兵たちがずらっと横たえられていた。南軍は、ぼろ負けに負けた。南軍の最高司令官のリー将軍は降伏、終戦後も尊敬されて、将軍の名をつけた大学が今もある。

連邦議会での対立（怒鳴り合い）が沸点《ふってん》に達して、遂《つい》に、1861年4月から始まった南北戦争は、1865年4月に終わるが、終戦の5日後に、リンカーンはワシントンの劇場で射殺された。あれも本当はニューヨークの金融財界（今のディープステイト）が、「もう、

ロックとルソー思想の跡継ぎがリンカーン。黒人奴隷解放者と言うが、徴兵令《ドラフト》も作った

リンカーンはケンタッキー州生まれのヒルビリー（ドン百姓）だ。今のリンカーンナイト（Lincolnite リンカーン主義者）は、都会の白人のリベラル派たちだ。口ばっかりの「自分は人種差別しない主義者」で、いまや偽善（ヒポクリシー）になった。テキサス州をはじめ、南部人はリンカーンが大嫌いだ。

こいつは私たちの言うことを聞かないから処分せよ」ということだった。

その次の次の大統領が、北軍の最高司令官だったグラント将軍だ。自分の部下がいっぱい死んでも、我慢に我慢で淡々と作戦指揮をするのが最高司令官だ。だが、軍人として以外に何の能力もない人だった。

南北戦争が終わって10年もたつと、アメリカはものすごい工業生産力で、激しく経済成長（エコノミック・グロウス）した。イギリスを一気に追い抜いた。1880年代には世界一の工業国になった。信じられないことだが、GDP（国内総生産）で大英帝国を追い抜いたのだ。

なぜなら、ボストンやフィラデルフィアやニューヨークとかに、すさまじい工業生産力があったからだ。機械工場、造船所、製鉄所などの戦争用に作られた設備が、そのまま生きて使われた。それで、ヨーロッパを急激に追い抜いていったのだ。

だから、戦争で80万人ぐらい死んで、国土が戦乱で荒れても、どうということもないという考え方もある。すぐに復興する。戦争《ウォー》というのは、たいてい3年半で終わる。停戦《ていせん》（シース・ファイア cease fire）、そして和平《わへい》交渉（peace talks ピース・トークス）をする。日本の太平洋戦争（第2次世界大戦、WW2の一部）も、3年半で終わっている。国民が、もうそ

南北戦争は1861～65年、アメリカの南部11州の The Confederation《ザ・コンフェデレーション》（南部連邦）と北部23州（当時のアメリカは34州）に分かれて戦った内乱、内戦（シヴィル・ウォー）である。これと同じ戦いが、アメリカでこれからいよいよ始まる

第2次ワグナー砦《とりで》の戦い（1863年7月18日）

れ以上戦う気がなくなる。たくさん兵士が死んで、空襲（air raide エア・レイド）で家を焼かれると、厭戦《えんせん》気分が広がる。

私、副島隆彦は自称の国家戦略家だから、非情に徹してこのことが見える。動乱状態になっても非《ひ》戦闘員（non combatant ノンコンバタント）である大衆は、ほとんど生き残る。空爆の爆弾に当たって死ぬ人々もいる。

今後、ズルズルと続くアメリカの国家分裂

ガザ戦争（2023年10月7日から）で、イスラエル軍のミサイル攻撃で一般人のパレスチナ人がたくさん死んだ、と報じられた。

だが今は、精密誘導《せいみつゆうどう》爆弾攻撃 precision《プレシジョン》 guided《ガイデッド》 missile《ミサイル》 attack《アタック》 だ。ここのビルのここの階にハマスの幹部たちがいる、と分かった段階で、それを実際に目視する人がいる。ヒューミント（HUMINT）というのはスパイで、それをイスラエル側に秘密無線で通報する。それから高性能長距離ミサイルが飛んできて、正確に目標物（ターゲット）に当てる。

だから、小学校や病院で子どもたちが死んだと報じられるが、正確ではない。現場に行

ってみれば分かる。こういうニューズ報道は、たいていウソだ。学校や病院の中に、ハマスの幹部たちと部隊がいる。そこならカモフラージュされて、イスラエルから直接攻撃されないということになっている。周りで死んだ一般人たちも、実はハマスの戦闘員や幹部たちの家族だ。

真実の戦争はそういうものだ。事前に噂《うわさ》が広がって、危ない、ここは狙われていると、周りの民衆は事前に分かるらしい。だから、その前に逃げる。だから多くの民衆は死なないで生き残る。

局外《きょくがい》中立という言葉がある。どっちつかずの中間派という意味の政治用語だ。これを歴史学者たちが教えないからいけない。「私は戦争に関わりません、どっちの側にも付きません」という人たちが必ず大勢いる。これをアメリカ英語でマグワンプ mugwump という。1884年の米大統領選で共和党候補者を支持しなかった一部の共和党員たちだ。造《ぞう》反組《はんぐみ》だ。

どんな時代にも必ずいる。英語で stay《ステイ》 out《アウト》 という。「私は関わりません、stay out します」と言う人たちは、ズルい人間たちだ。この人たちはズルいから生き残る。そして平和になると、途端にまた急に元気よく商売（ビジネス）を始める。そして儲かる。戦後復興の担《にな》い手《て》たちだ。

どんな時代も、このワルがいる。ワルと臆病者と、あと本当の貧乏人たちだ。徴兵令で取られたら前線《ぜんせん》（フロントライン）で死ななければならないが、それ以外の人々は、逃げ回っている分にはみんな生き残る。この真実を私がはっきり言うことで、日本人の知恵を増さないといけない。

どっちつかずの人たちというのも大事だ。逃げ回る人たちも大事だ。ただ、あまりに逃げ回り過ぎて、かえって失敗する連中もいる。外国に逃げればいいというものでもない。どうせ帰って来なければならない。もう帰ってこないで、外国でそのまま生きるという人たちもいる。

日本国のこの2000年の歴史を調べていると、中国大陸で大きな戦乱がある度《たび》に、敗れた側が、集団で日本に逃げて来たようだ。丸太で筏《いかだ》を組んで軍隊のまま来たり、ある時は、滅亡した王朝（帝国）で最高位の官僚や僧侶だった者たちが、日本に亡命《ぼうめい》（political asylum ポリティカル・アサイラム）して来ている。

それに対して、副島隆彦みたいな人間はみんな活動家（アクティヴィスト）だ。政治活動家は勝つか、負けて死ぬしかない。

私は、トランプが今度の大統領選で勝利するとは思っていない。なぜなら、ディープステイトは巨大な選挙不正voter fraud《ヴォウター　フロード》を再度、必ずやるからだ。それでもこのあとも、トランプ勢力とディープステイトのどちらの勢力もズルズルと生き残る。だから結局、国家分裂（連邦離脱《セセショニズム》）しかない。

今はまだ、私がこう書くことをみんな理解できないだろう。だが、私は言論の予言者だから、冷酷に近《きん》未来を見なければならない。私がトランプ応援団の団長で、日本で太鼓《たいこ》を叩《たた》いていても意味はない。大切なのは冷酷な近《きん》未来予測だ。次はこうなる、そしてこうなる、と皆に教えることだ。

だから、私も苦しんだ末に、この本のタイトルは『トランプ勢力の徹底抗戦でアメリカの国家分裂は進む』になった。そして、その英文タイトルはThe Civil War Starts Again「南北戦争が再び始まる」である。

ただ、トランプ自身が、自分の当選を喜んでいない節《ふし》が見られる。それは、自分が当選すると、再び社長だから、その企業（国家も）がそれまでに散々《さんざん》抱えている累積《るいせき》した大借金（巨額の根雪《ねゆき》の財政赤字）を返済する責任を負う。トランプはビジネスマンだから、このことを死ぬほど分かっている。だから、そんな企業（国家）は潰れてしまえばいい。オレは知らん、と考える。

あの腐り果てた大量のワシントンの官僚ども（国家の寄生虫、パラサイトたちだ）も、その時、一緒に滅んでしまえ。それでいいのだ、と賢いトランプは考えたはずだ。

「プロジェクト2025」とディープステイト

最後に、「プロジェクト2025」とディープステイトの話に戻る。前述したように「プロジェクト2025」の重要人物の1人が、⑧クリストファー・ミラーだ。この人は陸軍中将で、徹底的にトランプ派だ。

第3章で説明したように、「プロジェクト2025」の防衛問題（defense デフェンス）は、このクリストファー・ミラーが書いている。トランプ派の軍人たちが、これからどう動くかが透けて見える。徹底的に国内重視だ。もう、諸外国にまで軍隊を出すグローバリズム

（globalism 地球支配主義）の考えは採《と》らない。

だから、トランプ勢力がやがて作る新《しん》共和国では、軍隊は自国防衛だけだ。まさしくリバータリアンの思想だ。簡素で安上がりで済む。

ミラーは今、ちょっと根性なしと言われている。バイデン政権の4年間に、将軍（general）たちが、国防総省（ペンタゴン）の中でトランプ派とディープステイト派に分かれて、睨《にら》み合いになっていた。

統合参謀本部議長 The Chairman《チェアマン》 of Joint Chiefs of Staff のマーク・ミリーは、いつの間にか逃げて、いなくなった。その上に黒人の国防長官のロイド・オースティンがいるが、この男は病気ばかりしている。こうした連中も、トランプ派が全部捕まえることになっている。ミリーが、どこに隠れているか分からない。

ペンタゴンの中で睨み合う将軍たちの後ろには、スタッフ（幕僚《ばくりょう》）が付いている。護衛も何人かいる。クリストファー・ミラーたちが一瞬で拳銃を抜いたら、もう殺し合いだ。それはいくら何でもできない、俺たちは軍事公務員だということで、にらみ合いが続いた。おまえはどっち側につくんだ、と。

だが、先述したようにどちら側にも付かない者たち、マグワンプ mugwump がいる。

どんな時も、どっち付かずはたくさんいる。自分が生き残りたいだけ、という根性なしの情けない人間だ。

だが、世の中はいつもそんなものだ。軍人と言ってもそんなものだ。自分がかわいいから、強いほうに付く、勝ちそうなほうに付くという絶対法則がある。これはもう人間世界を貫く原理《プリンシプル》だ。ズルい悪い生き方が勝つほうに付く、だ。

自分は皆さんに逆らいません、死にたくありません。給料欲しいです。年金をもらって、静かに家族と暮らしたいです。これが世の中の基本の基本の考えだ。だが、卑屈に動きすぎて却《かえ》って失敗して、周《まわ》りから嘲笑《ちょうしょう》される者もいる。

「プロジェクト2025」の第26章は貿易問題だ。ケント・ラスマンとピーター・ナヴァロが書いている。ケント・ラスマンよりもピーター・ナヴァロのほうが、「商務省Department of Commerce《コマース》まで廃止しろ」とまで言っている。

このナヴァロよりも格が上だったのが、前のトランプ政権で通商《トレイド》問題担当長官である対外通商代表（USTR《ユーエスティアール》 US Trade Representative）だったロバート・ライトハイザーだ。このライトハイザーが、トランプ新政権の財務長官になるという話があった。ただしそれは、ライトハイザーがディープステイト側の財界人たちともつながっているからだ。

アメリカが国家分裂をしてしまえば、もうそういう話もなくなる。だから、ナヴァロが新《しん》共和国で通商問題担当長官になるかも。企業活動を統制する商務省《コマース》を廃止しても、外国との貿易《トレイド》でのお付き合いが必ずあるからだ。ただし、ナヴァロも75歳だから「もう疲れたよ」で、引退して母校のカリフォルニア大学アーバイン校で名誉教授として、ゆっくりと学生たちを教えたい、とも思っているようだ。

博奕も麻薬もなくならないが金融博奕はなくすべき

大事なのは、ニカラグア運河だ。これが開通しないとだめだ。

中米のニカラグアで、昔からの左翼で反《はん》ディープステイトのオルテガ大統領がいる。国内で反対運動ばかりされて、ニカラグア運河という大運河をなかなか通せない。ニカラグア湖が真ん中にあり、あっち側の太平洋とこちら側のメキシコ湾（テキサス湾）を繋がないといけない。中国からの大量の物流が来ないと、アメリカ中央国《セントラル》（トランプ王国）は生き延びられない。今のパナマ運河だけだと狭苦《せま》しい。だからやはり中国が重要だ。

中国および日本やアジア諸国との巨大な物流のインフラが出来ないと、アメリカ中央国（新《しん》共和国）は続かない。トランプは中国に対して、「中国産品に高い関税（２００%とか）をかけてアメリカを守る」と言い続けている。なぜ高い税金をかけるかというと、高級品だからだ。

半導体《セミコンダクター》などの高級品に高い税金をかける。それでも中国製の先端《せんたん》工業製品は売れる。税収をいっぱい関税《かんぜい》（tariff タリフ）で稼がないと、新しい国を経営できないということが、トランプたちは分かっている。新《しん》共和国は貧乏である。だから高関税《ハイ・タリフ》は外国虐《いじ》めではない。

たとえば、Apple《アップル》社製のスマホの「iPhone 16」とかも、実際は１００%中国製だ。台湾製のＴＳＭＣ《ティエスエムシー》の２ナノの先端半導体を使っている。今のアメリカはスマホひとつ自国では作れない。

ニカラグア運河が開通すれば、中国は南米諸国（ラテンアメリカ）を助けに行ける。中国はまずベネズエラへ行き、今のマドゥロ左翼（反米）政権を助ける。そして、ブラジルとアルゼンチンまでぐるっと回る。太平洋岸のチリの南にあるマゼラン海峡は遠過ぎて、かつ荒れた海なので、なかなか回れない。

そういうことも有るので、トランプはまずメキシコと仲よくする。メキシコは麻薬収入で食べているやくざ者がいっぱいいて、チェーンソーで人間の体をぶった切るような恐ろしい連中がたくさんいる国だ。この麻薬問題を何とかしなければならない。犯罪性の麻薬をやめられない人間たちが何百万人もいる。

トゥー・ラテン Too Latin つまり、あまりにもラテン民族過ぎる、という言葉がある。国民の大半はスペイン人の血が混ざった人たち（メスチゾ）だ。原住民とは違う。しかし麻薬問題は、どうせ解決しない。麻薬とギャンブルと売春を、人類はやめられない。

麻薬は禁止されて、私たちはタバコを吸わなくなった。その次は、酒もやめなければならない。酒は、本当に体に悪いのだ。アセトアルデヒドが脳で分泌されて体を壊す。あと、博奕《ばくち》、ギャンブルもだ。簡単博奕のパチンコから始まって競馬、競輪などだ。

それらの中で今、一番大きな博奕が、金融市場での巨額の合法的 lawful《ラーフル》 な金融博奕だ。ニューヨークの金融ユダヤ人たちの博奕が、あまりにもひどい。お金でお金を稼がせると言って、狂っている。まさしくここがディープステイトの本拠であり、悪《あく》の巣窟《そうくつ》である。

人間の労働によって成り立っているのが、健全な人類の価値《ヴァリュー》の作り方の基本だ。労働価値説（work value theory ワーク・ヴァリュー・セオリー）こそが大事なのだ。それに戻さなければならない。
金融博奕は滅ぼせないが、厳しく規制しなければならない。ドル札《さつ》と米国債を際限《さいげん》なく刷り散らかして、それでディープステイトは生き延びてきた。ほんの15年前の2007年のリーマン・ショック（本当に金融恐慌《きょうこう》だった）の直後、ニューヨークの株式市場は8600ドル、東京は8000円まで株価が下がったのだ。これが今は4万ドル、4万円だ。バカじゃないのか。どうやって、たった14年間でおカネの総量を4倍にまで、じゃぶじゃぶ増やしたのだ。

米国債は刷り過ぎだ。総量で1000兆ドルくらいある。それを秘密で日本とかに買わせ（持たせ）ている。ヨーロッパと日本にも自国の国債をいっぱい刷れ、刷れと、まだ命令している。お札もいっぱい刷らせた。だから、次の金融恐慌が来て今の4分の1まで減ればいいのだ。今の1ドル140円が、10分の1の1ドル14円になって当たり前だ。だから、そうなる。あぶく銭は消える。ディープステイトが大打撃を受ける。このことが大事だ。

第5章 キレイごとがイヤになったアメリカ人の本音

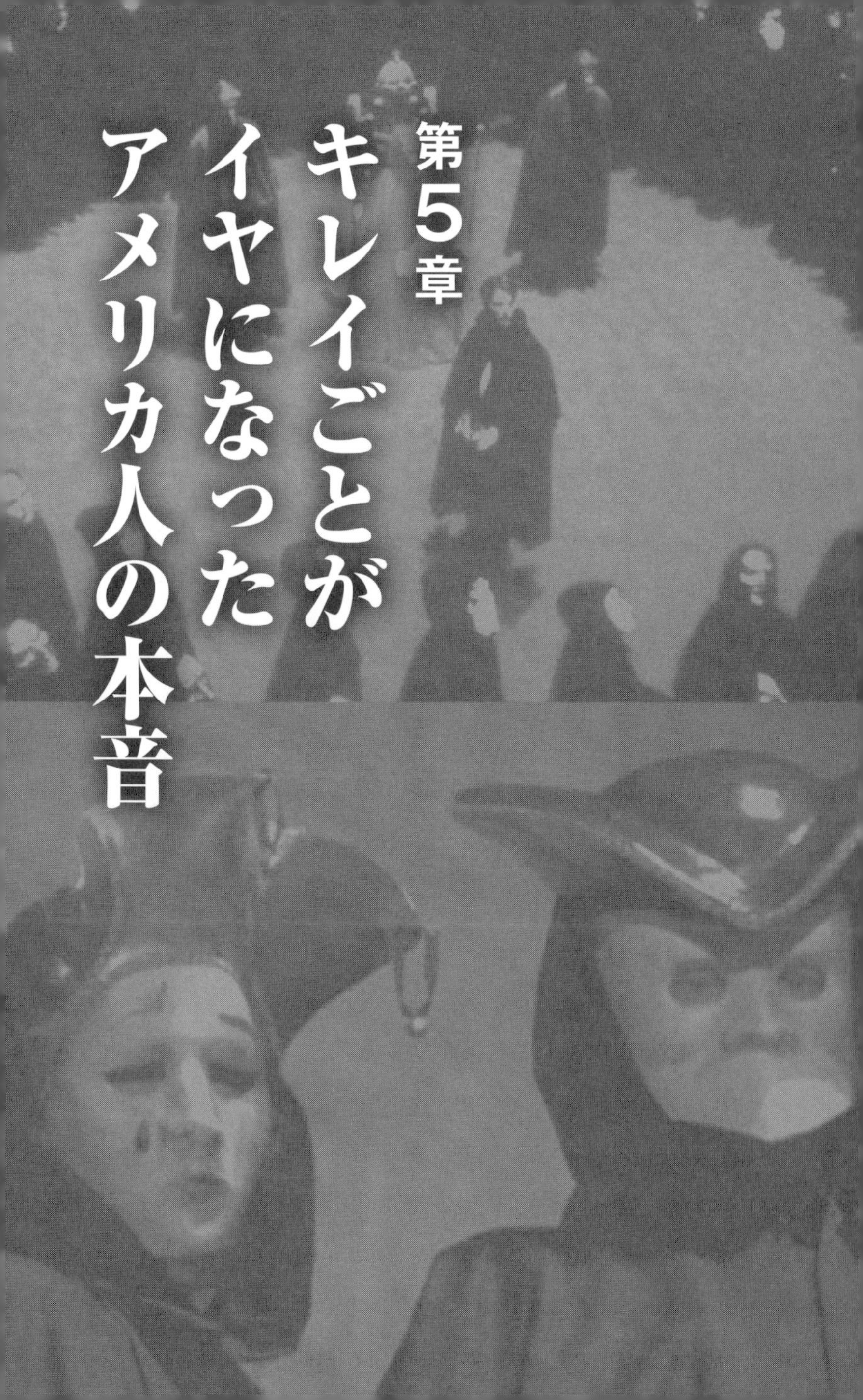

人権、平等、人種差別、デモクラシーをめぐる大分裂

この章で、大きく政治思想（ポリティカル・ソート）の話をする。

アメリカ人が、小学校時代から学校で徹底的に習うことがある。ほとんど洗脳（ブレイン・ウォッシング）に近い。日本人でもすぐ分かることで、「ああ、あれね」と思う。それが今、大きな問題になっている。

それは、まず①人権。ヒューマンライツ（human rights）という思想。

次が、②エガリタリアニズム（egalitarianism）平等思想。人間は皆平等であるという平等、公平の思想。エガリタリアニズムと言うが、ちょっと長いので、最近はエクイティequity とアメリカのディープステイトの子分のリベラル派が使っている。人間は皆平等である、が2つ目の②。

3つ目が、③人種差別をするな、という思想だ。差別はディスクリミネーションdiscrimination だ。人種《レイス》あるいは民族の違いだけでなく、この世にはあらゆる差別がある。女性差別や障害者差別や貧困者（貧乏人）差別などだ。これらの差別をするなという思想だ。

ヨーロッパ政治思想の全体構図

©T.Soejima

Ⅳ. Positive Law《ポジティブ・ラー》 ⟷ **Ⅰ. Natural Law《ナチュラル・ラー》**

人定法派

ジェレミィ・ベンサム
アメリカのリバータリアン
法実証主義も

自然法派

アリストテレス
エドマンド・バーク

↓（微分する）

Ⅱ. Natural Rights《ナチュラル・ライツ》

自然権派

ジョン・ロック

「憲法が、人間が生きる権利を保障する」と言ってもなぁ……

↓（2回微分する）

Ⅲ. Human Rights《ヒューマン・ライツ》

人権派

ジャン・ジャック・ルソー
現代のリベラル派
社会主義者も

誰も簡単には否定できない福祉の思想

↓（3回微分する）

Ⅲ' Animal Rights《アニマル・ライツ》

動物の権利派

反体制派、フェミニスト
環境保護派、新左翼

これが暴走してLGBTQを生んでしまった。ディープステイトが潜む

出典：『世界覇権国アメリカを動かす政治家と知識人たち』講談社、1999年（P226）

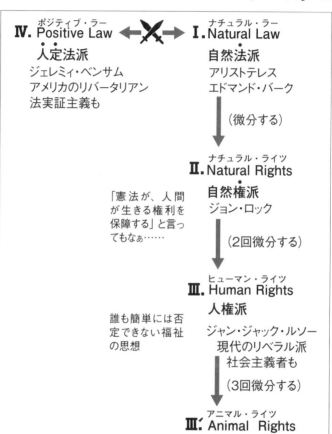

4つ目が、④デモクラシーを守れという考え方。デモクラシーを分解すると、ずっと本書で書いてきたとおり、デモス（demos）とクラティア（cratia 支配体制）だ。民衆のことを hoi polloi「ホイ・ポロイ」と古代ローマでは言って、今も使われる。現在のピープル people だ。これは英語ではピーポーと発声する。フランス語ではプープルだ。

金融資産や土地、財産を持たない人たち。この貧乏人たちが選挙で1票ずつを持っていて、代表――レプレゼンタティヴズ representatives と言う――を選ぶ。この代表にポリティカル・パウア、政治権力を握らせる。厳密には「主権在民《ざいみん》」ではなくて、主権《しゅけん》（sovereignty ソヴリーンティ）を持つ者（主権者 ソヴリン sovereign）は、この代表者たち（議会）だ。昔は、どこの国も王様や天皇が主権者《ソヴリン》だった。

私は何度でもしつこく書いて教える。デモクラシーというのは、選挙でたくさん支持（票）を得た人を、自分たちの代表者、権力者と認めて、権力（権限）を与え任《まか》せる政治体制のことだ。これでデモス（demos）のクラティア（cratia）、すなわち民衆代表による支配体制だ。デモス・クラティア（デモクラシー）は、貧乏民衆の1人1票の選挙制度に依《よ》る――これを代議制《だいぎせい》と言う――政治体制、即《すなわ》ち代議制民主政体《せいたい》のことだ。

だから、✖民主主義という言葉を使ったら大間違い。この✖民主主義を平気で使う知識人は頭が悪い。そのうち、こいつらはみんな消える。
デモクラシーはイデオロギー（主義、主張）ではない。好き嫌いとか政治思想とか思想信条ではない。個人の好き嫌いの問題ではない。民衆、貧乏人大衆の支持と尊敬の上に成り立っている政治体制のことだ。私、副島隆彦が、「民主政体」というコトバを日本語訳《やく》として使え、としつこく書くから、そのうちそうなる。もうなり始めている。

政治体制は何によって成り立つか。今はもう、将軍様とか天皇（実は日本国王だ）は主権者 sovereign ソヴリンではないから、その息子が自動的に権力者の地位を継ぐ、ということは無くなった。これは馬鹿でも分かることだ。ということは、民衆（国民）からの強い支持によって、即《すなわ》ち民衆の尊敬と敬意によって成り立つ。これが現在のあるべき政治体制だ。

指導者が国民から敬意を払われ、尊敬されて成り立つ体制。このことが非常に大事だ。こういうことを日本では教えない。「多数決」しか教えない。日本はアメリカの属国だから。アメリカが日本の指導者（代表、首相）を、実質的には決めているからだ。だから、デモクラシー（民主政体）の真実を日本人に教えないことになっている。

リスペクト・バイ・ピープル Democracy is based on the respect by people. がデモクラシーの根本だ。民衆多数派からの支持と共感、及び信託《しんたく》（trust《トラスト》）だ。あなたを信じる、だからあなたに任せる《トラスト》という、この言葉が大事だ。この大事な一点を日本人に教えない。選挙で票をたくさん取りさえすればいいのだ、という発想で悪質にごまかしている。そして、選挙で不正をやっている。

デモクラシーをぶち壊したディープステイトの大罪

今のアメリカは、この④番目のデモス・クラティアにおいて、ディープステイト独裁体制だ。

彼ら大富豪（スーパーリッチ）たちは、選挙で選ばれていない者たちだ。彼らは裏に隠れて、まず官僚と政治家を、そして民衆を支配、統治する。そのくせ、ロシアや中国をデモクラシーではない独裁体制だと言う。自分たちディープステイト独裁のほうが、よっぽど悪い。なぜなら陰に隠れて支配するからだ。

カマラ・ハリス政権の裏側にいる真の支配者《ルーラー》たちだ。合計で数百人の超財界人、あるい

2024年9月5日、プーチンは「カマラを支持(エンドース)する」と語った。ロシア政府は、米大統領選挙でまた大きな不正が行われることを前提に動いている

プーチンは、不正選挙 rigged election（リグド・エレクション）でカマラが勝つ、と冷静に判断している。私、副島隆彦も、このロシアの態度が、世界政治のこれからの見方として冷静だ、と判断する。今の世界にそんなに良いこと、即《すなわ》ちトランプの勝利、復職そして世界平和へ、は起きない。

は大富豪の連合体だ。これに付き従うワルの、何百万人もいるワシントンの官僚（上級公務員）たちだ。彼らは現実政治《リアル・ポリティックス》（行政）を操《あやつ》って好きなように政治をやっている。これに対するアメリカ民衆の激しい怒りが、トランプ支持の形で盛り上がっている。トランプが引退《リタイア》しても、トランプ勢力として残ってゆく。そして戦う。

ディープステイト側は、自分たちは正しいデモクラシーの上に成り立っていると言う。けれども、前回の２０２０年11月３日に巨大な不正選挙をやった。約１億票をトランプから奪って、自分たちのほうに付け回した。今回もまたやる。

この巨大で大掛かりな選挙不正が有ったという事実さえ認めないで、ディープステイトの手先たちが日本国内でも、のうのうと生きている。彼らは日本の支配者たちだ。とんでもない馬鹿者どもだ。あれだけインチキ選挙の証拠がたくさん挙がっていて、あれだけアメリカ国民が騒いでいるのに。不正は何もなかったという顔をしている。

彼らは、「トランプ支持者は根拠のない×陰謀論を唱えている」と必ず書く。これは恐ろしいことだ。デモクラシーの土台である選挙制度をたたき壊したのは、ディープステイト側だ。

これに対するアメリカ国民の怒りを、日本人は分かっていない。そんなこと、自分には

アメリカ大統領選でディープステイト側は、また不正選挙をやるだろう

私の予言

2024年11月5日	
カマラ勝ち	**トランプ負け**
1.1億票にする	9000万票に減らす
真実は5000万票	本当は1.5億票だろう

インチキ6000万票 トランプから盗む

↑ **また「ドミニオン」を使う**

2020年	
バイデン当選	**トランプ負け**
ウソで8400万票	**ウソ**7500万票
真実は2500万票	1.1億票

↑ **郵便投票と「ドミニオン」違法な集票マシーンで**

2016年	
ヒラリー	**トランプ** （**当選**）
ウソの総得票数 6500万票	6200万票
真実は3000万票	9000万票

関係ない。関わりたくもない、ということだろう。

日本国内のディープステイトの手先たちは、テレビ・新聞を全部握って制圧している。週刊誌やネット記事までも。不正選挙はないことにして、触れないことにしている。NHKのアナウンサー上がりの膳場貴子《ぜんばたかこ》、有働由美子《うどうゆみこ》、下重暁子《しもじゅうあきこ》たちエレガントで上品なおば様たちまでが、ここに含まれる。現代の大奥のお局《つぼね》様たちだ。彼女たちのアメリカのご友人方《がた》は、確実にディープステイトだ。

彼女らが経営者たちの集まりの講演会とかでしゃべって回っていることが、アメリカのディープステイトの意思そのものだ。それは、アメリカのトランプ勢力のことを心底嫌う人たちであり、そのことが彼女らの表情によく表れている。

ディープステイトどもよ！

このままお前たちの思う通りには世界は進まない、と私は言っておく。なぜなら、P185にも掲載したとおり、アメリカ民衆の73・2％がトランプを支持している。残りの26・8％しかカマラ・ハリス（ディープステイト側）を支持していない。この大きな事実は、8月21日にイーロン・マスクが、自分のX（旧Twitter）で実施した世論調査の結果だ。

イーロン・マスクが8月21日にXで行った世論調査（上の写真）には580万人が参加。73.2%がトランプに、26.8%がカマラに投票するという結果が出た

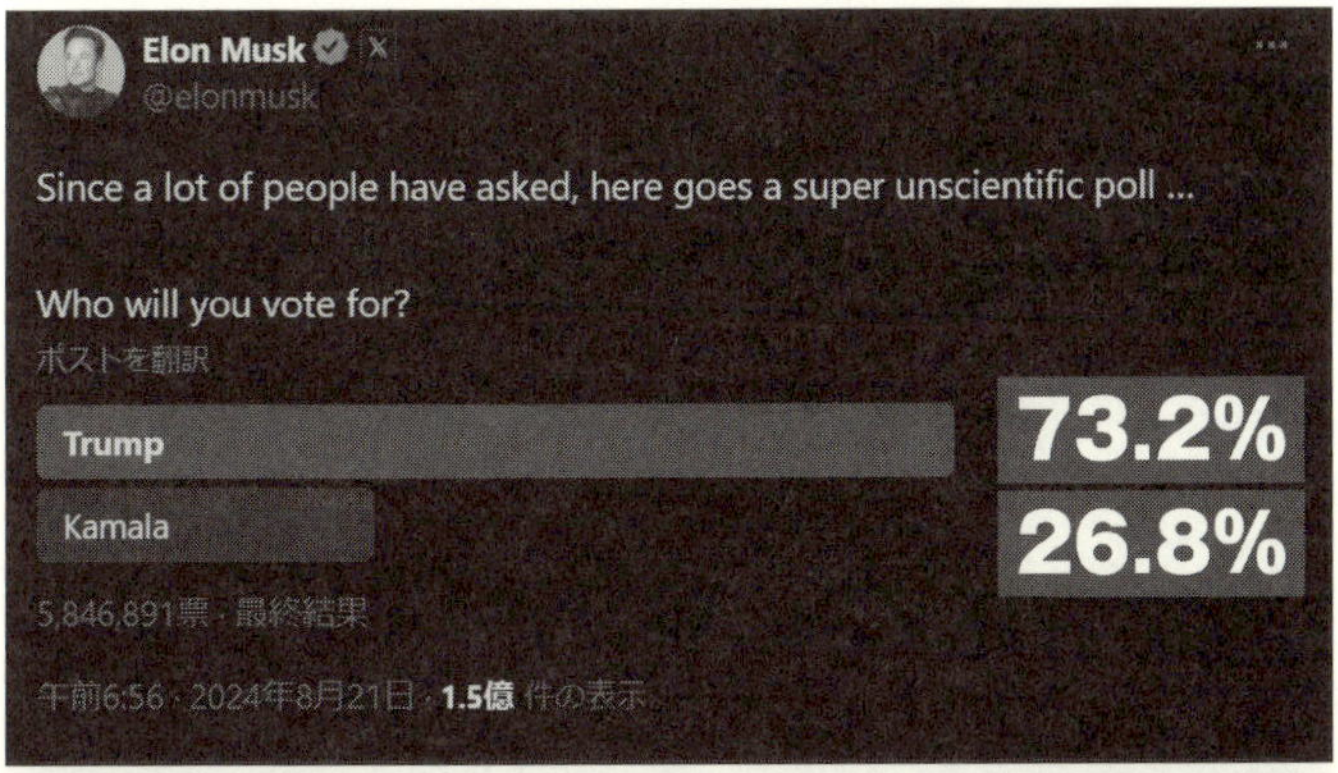

ところが、（下の写真）ABCニューズが同時期（8月23～27日）に行った世論調査ではトランプ46%に対してカマラが52%である。ABCたちの数値は信用できない。ディープステイト側は、世論調査の数値を変える。日本でもテレビ、新聞の世論調査の発表を人々は全く信用しない。大手メディアの世論調査の結果は、フェイクだらけである。

これは信じられる。５８０万人の人が参加した。73％がトランプを支持しているという事実が出た。これは客観的で公正な世論調査《ポール》だ。それに対して今のアメリカの世論調査会社たちは、全部ディープステイト側だ。だから、毎回毎回ウソ八百の世論調査の数字が並んでいる。ピュー・リサーチやラスムセン……とか。さらにＣＮＮやＡＢＣの世論調査もインチキだ。アメリカ国民は、それらの数値を信用しない。

日本も同じだ。日本の新聞各社やテレビ局がやる世論調査なんて、とんでもないインチキ世論調査だ。そういう結果を平気で発表する。国民は知らん顔をする。誰も相手にしない。たとえば「岸田政権の支持率が22％」だとか、あんなことをずっとやり続けた。少しはおかしいと思わないのか。それぐらいディープステイト側は腐り果てている。

ディープステイトが操《あやつ》るカマラ・ハリス政権を支持している民衆と言われる連中は、貧乏な黒人層と、いわゆるリベラル派の白人たちだ。ここには、上から変なお金が降りてきて、彼ら奴隷根性の人間たちが潤《うるお》う仕組みになっている。そういう与太者《よたもの》の黒人や歪《ゆが》んだ精神をした白人たちが支持者だ。だから今のアメリカは、民主政体（デモクラシー）ではない。まさしくディープステイト独裁である。

崩れ落ちる近代ヨーロッパの大思想

私がここで教えるべきことは、前述した①、②、③の、アメリカで、小学校、中学校、高校で徹底的に教え込む人権思想と平等思想と差別をするな思想だ。この3つを徹底的に教え込むものだから、みんながんじがらめになって、ここから抜け出せない。

これは日本でも同じだ。日本の戦後80年間の公《こう》教育（パブリック・エデュケーション、国民公教育）でも、この3つを教えることになっていて、みんなもそう信じ込んでいる。

ところが、①人権思想と②平等思想と③「差別をするな」思想。この3つが今、大きく危機に瀕《ひん》し始めた。それが、鋭く反《はん》移民の思想となって、この20年間、出現した。この3つの近代ヨーロッパの大《だい》思想が、どうもウソくさいという状況が出現している。①、②、③が過剰に肥大化し、逆に人類（人間）を苦しめる思想になってしまった。

まず①ヒューマンライツ（諸《しょ》人権）って本当に有るのか、そんなものが、という大きな疑いが出ている。

このヒューマンライツという思想は、元々は、ジョン・ロック（1632～1704年）

というイギリスの17世紀（1600年代）後半の思想家が打ち立てた大《だい》思想だ。ジョン・ロック自身は、まだ人権とは言わず Ⅱ．自然権《しぜんけん》と言った。これはナチュラルライツ Natural rights と訳す。ここから発展して、派生して生まれたのが Ⅲ．ヒューマンライツ（人権）だ。

ロックは、あくまで自然権 ナチュラルライツ派だ。人権までは言わなかった。P177に載せた私が30年前に作った「ヨーロッパ政治思想の全体構図」をしっかりと、じっくりと見て下さい。

この図表の中の Ⅱ．ナチュラルライツ（自然権）の一歩手前に、Ⅰ．自然法（ナチュラル・ラー）がある。これは根本保守の人たちの思想だ。古代ローマのお坊さま（カソリックの僧侶）たちが唱え始めた。人間の世界は何ひとつ変わることなく続く、という思想だ。「天下（あめつち）の下《もと》、変わることなし」だ。これが自然法という思想だ。これをナチュラル・ラー（natural law）と言う。自然の法則《ラー》、掟《ルール》（おきて）と訳してもいい。

これとⅡ．の自然権は似ているけど違う。Ⅰ．とⅡ．は、しっかりと区別をつけなければならない。日本の知識人層は全員、明治からの150年間、今も誰もヨーロッパの全《ぜん》思想を貫く、このⅠ．自然法とⅡ．自然権の区別がつかない。だから、とても世界基準の政治知識人になれない。このことの重要性は、私はいくら言っても言い足りない。

私は、自分の主著であるアメリカ政治研究本『世界覇権国アメリカを動かす政治家と知識人たち』（初版1995年）で徹底的に書いて教えた。だから今では何とか、全国で2万人ぐらいのインテリを自認する、政治学を学んでいる50歳から下の知識層は、ようやくⅠ.自然法（バーキアン。エドマンド・バーク主義者）とⅡ.自然権（ロッキアン。Lockean ジョン・ロック主義者）の区別がつき始めたようだ。まだ、その程度だ。

そしてⅡ.の自然権から派生したのがⅢ.の人権という思想である。まだみんな、あんまりこの違いをはっきり分かっていない。福澤諭吉はⅡ.である。Ⅱ.自然権というのは、「鳥や獣《けもの》でも自分の巣を作って、そこで奥さんと子供を養っている。ということは人間だって、1人の百姓、農夫が耕せる耕作地を持っている。そして、そこから取れる収穫物、産物で家族を養っていけるのだ」とジョン・ロックは言い切った。

でもそれは、「養えるはずだ」と言っただけのことであって、例えば3ヘクタール（3町歩《ちょうぶ》）の立派な土地を、1人の百姓（農民）が所有して、そこの収穫物を市場《いちば》に出して、そのお金で年収800万円ぐらいになって家族を養える、という理想を言っているだけのことだ。

しかし、そうなっていない人もたくさんいる。年収800万円もらっているサラリーマンたちがいる、というのは事実だが、それだけもらってない人たちもたくさんいる。年収200万円しかもらってないとか。

そうすると、このジョン・ロックのⅡ.自然権、さらにはⅢ.人権という思想を、憲法体制がいくら保障していると言っても現実と合わない、という問題がどうしても有る。ここをみんなが勘違いしている。まるでⅡ.自然権やⅢ.人権が、神(God)からとは言わないが、天(heaven ヘヴン)から与えられた権利だと言ったりする。これが所謂《いわゆる》、天賦《てんぷ》人権論だ。

明治時代の初めに『天賦人権論』という本が出版された。この時からⅢ.人権というのは当然有るように、みんなが思い込んだ。それだけのことだ。

目の前に見えるもの以外信じないベンサムの思想

ところが、本当にそれが有るかどうか分からない。人権が実在する確証はない。だから、「自然権とか人権が有ると言うのなら、見せてくれ。私の目の前に示せ。見せてみろ

Show me《ショウ ミー》!」と言ったイギリスの思想家がいる。それがジェレミィ・ベンサム（Jeremy Bentham 1748〜1832年）という男だ。彼がⅡ．自然権やⅢ．人権に対して、Ⅳ．の人《じん》定法《ていほう》の思想を打ち立てた。ポジティヴ・ラー positive law だ。これを日本語で、人定主義と訳す。

この人定主義（positivism ポジティヴズム）のことを日本の知識層は、まだほとんど知らない。Ⅳ．の人定法は、この人間世界のことは、人間たちが自分で決めるのだ。神《ゴッド》や天《ヘヴン》、自然の法則（掟《おきて》）が決めるのではない。人間が自分たちで、「これが決まりだと決めるのだ」と決めるから決める。これが、Ⅳ．positive law ポジティヴ・ラー 人定法《じんていほう》の大きな思想派《は》閥《ばつ》だ。この立場から「神が決めたとか自然が決めたとか、そんなものは無い」と、大きく反論し、断言したのである。

これを1800年代のイギリスの大《だい》思想家のベンサム Bentham が言い始めた。現実に目の前にはっきり有るもの以外は信じない、という思想だ。これは、本当は恐ろしい思想だ。徹底した無神論（エイシイズム atheism）だ。

ベンサムという人は、〝ウジ虫ベンサム（あるいはベンタム）〟と呼ばれて、多くの知識人から嫌われた。それでも、Ⅳ．人定主義（Benthamite ベンサマイト）という大きな柱を打ち立てた。私、副島隆彦が所属するリバータリアニズムは、大きくは、このⅣ.の人定法の流派に属する。

だから、いくらⅡ.自然権、Ⅲ.人権が憲法（典）に書かれて体制が認めたからと言っても、それを認めない。「私たち人間には元々《もともと》人権があるのだから、人間として扱え。動物のようにたたき殺されて、お肉にされて食べられることは無いのだ」という思想に対して、本当にそんなものが有るのか、という疑いを強く持って生まれたのがⅣ.の人定法（ポジティヴ・ラー）だ。一言でこれを言うと、キレイごとを言うな、という立場だ。

人間の不平等の典型例が「親ガチャ・子ガチャ」

副島隆彦は40年前、30歳の頃に、このベンタ（サ）マイトの思想を研究した日本で最初の、初めての人間だ。そして、これらのことを、私のアメリカ政治研究の大著である『世界覇権国アメリカを動かす政治家と知識人たち』に書いた。1995年に初版は筑摩書房から出した（42歳のとき）。その後、1999年に講談社から文庫で出ている。ここに詳しく書いている。

これが分からないようだったら、もう政治思想の勉強なんかやめなさい、馬鹿のままで人生を終わりなさい、ということだ。P177の「ヨーロッパ政治思想の全体構図」を再度、しっかり読んで、頭に叩《たた》き込みなさい。

今の東大教授、京大教授たちでも、50代から下は、みんな私のこの本をコソコソと読んでいる。この本を読まないと、今の日本で政治学の勉強というのは成り立たない。ここまで私は、はっきり言い切る。それほど副島隆彦というのは厚かましく、かつ恐ろしい男だ。知っている人は知っている。だから、学者は誰も私に近寄らない。それでも、コソコソと私の本を読んでいる。もうこれ以上は言わない。私は前記の本の業績で、必ず、自分が生きているうちに文化勲章を天皇から貰えると思っている。

次に①、②、③の制度思想《せいどしそう》の2つ目の②平等思想について。

人間が平等であるかどうか、このことも実は分からない。「なるべく平等であるべきだ」と言っているだけだ。そう思いませんか。

みんな平等だとか言ってみても、現実の世界では生まれたときから、生まれた家が金持ちなら金持ちの子、貧乏な家に生まれたら貧乏な子なのだ。身長だって体の特徴だって、美人かブスか、もう最初から決まっているじゃないか。人間の努力なんかどうということはない。

努力は人間の向上にとって大事であり、不可欠だ。しかし、努力にも限度がある。これを最近のコトバで「親ガチャ・子ガチャ」と言う。ガチャガチャの機械から200円で出てきたものが、人間の運命《うんめい》 fate フェイトだ。平等ではない。知能、能力も体力も。障害者で生まれたら、障害者で死ぬしかない。平等、平等とあまり言うな、という思想が厳然《げんぜん》として、この世に有る。なるべく平等の取り扱いであるべきだ、と言っている。

本当は、この②平等《エクイティ》（公平）思想は、「法のもとの平等」と言う。イークォール・アンダー・ザ・ラー equal under the law 法律のもとでの平等だ。

法律上の取り扱いにおいてのみ、人間は平等だ、という意味である。実《じっ》社会における法律上の取り扱いで、選挙はみんな1人1票とか、バス・電車に乗るときは1人220円払えば誰でも乗れるとか、道路はみんな自由に通れるとか、そういう平等はある。

しかし実態としては、人間は平等ではない。高いお金を払えれば、いい車両に乗れる。ここがものすごく大事なところだ。

普段、政治問題を語るとき、人々はこのことをわざと無視する。この世は階級社会（クラス・ソサエティ。貧富の差がある社会）だ、ということをわざと見ないふりをして、話すことになっている。ディープステイト（特権階級《とっけん》）は、ここのところに隠れて生きている。今のアメリカ国内の動乱の根本のところにも、この問題が深く横たわっている。

差別はないほうがいいが、現実にはなくならない

③つ目が、人種差別その他いろいろの差別をするな、だ。これも、差別や侮辱《ぶじょく》や軽蔑《けいべつ》はしないほうがいいと言っているだけのことで、現実に差別はたくさんある。このことも、公然と考えようとしない。オマエは人種差別主義者だ、と言われると、みんな脅《おび》えて、怖《こわ》がる。

そして遂《つい》に、この①人権②平等③差別しないを唱えたジョン・ロック（自然権）とジャン・ジャック・ルソー（人権）の近代《モダーン》ヨーロッパ政治思想の大《だい》思想家たちが、強く疑われ始めた。①②③は、とても疑ってはいけないことに最近までなっていて、ほとんど真理《トルース》とされていたことだ。あるいは、自明《じめい》のこととされてきた。それがいまやタブー（禁忌《きんき》）

になって、人間世界をおびやすかすようになった。

差別はある。現に、みんな女だったら、自分より美人か自分よりも美人じゃないかで、毎日、朝から晩までぱっと見で差別し合っているらしい。そして、能力によって差別がある。不思議なことに、能力による差別は、やっていいことになっている（笑）。能力による差別は合法（lawful ラーフル）である。それが能力選別、各種試験の制度だ。

金持ちの家の子は、いい家に暮らしていてお金がある。貧乏の家の子は貧乏で、何とかカツカツで、自分で働いて生きていかなければいけない。これが現実だ。

差別は無いほうがいい、と言っているだけだ。このことが今、アメリカで本当に政治的な争いになっている。一言で言うと、「もうこれ以上、移民（マイグラント）は入ってくるな」という人種差別を認める思想の堂々たる登場である。


そして念のため繰り返すが、④つ目がデモクラシーだ。本書でずっと書いてきた通り、現実のアメリカはディープステイト独裁だ。トランプ派の国民は、このことに怒っている。

中国やロシアのほうがずっとデモクラシーを実行している。中国とロシアがデモクラシーだ。なぜなら、指導者たちが民衆の強い支持の上に成り立っている政治権力だからだ。

プーチン政権と中国の習近平《しゅうきんぺい》共産党政権は、国民が支持している。国民は、自分たちの政治指導者を尊敬している。独裁と言えば独裁だが、欧米のディープステイト独裁よりはずっと正直だ。

悪人でないと繁栄を作れない問題

アメリカの場合は、ディープステイトという目に見えない馬鹿野郎たちが、裏から操《あやつ》っている。選挙で選ばれていないのに。表面に出ているヒラリー・クリントンとかジョージ・ソロスとか、ダボス会議のクラウス・シュワブ会長とか。こんな悪い連中を、いつまでものさばらしているわけにはいかない。見苦しい限りの狂った人間たちだ。

彼らは本当に悪魔を崇拝する（ディアボリズム）者たちだ。このことで、トランプ勢力のアメリカ民衆は怒っている。

それでも、この見苦しい人間たちにも実感があるというか、実体がある。それは彼らが悪人だからだ。本当にディープステイト側の人間は悪人だ。巨大企業の経営者たちも、そうだ。彼らは、なるべく安く労働力（従業員）を大量に使って、大きな工場や企業を経営して、大きなお金を動かして、利益を出している。彼ら自身が腹の底から、自分たちは悪人だと思っている。

中小企業の経営者でも、悪人がかなりいる。悪に徹して悪人になり切れないと会社経営はできない。経営というのは、ものすごく厳しいものなのだという思想だ。これ自体は真実だ。

だから、悪人でないと社会の繁栄や隆盛を作れないという問題が厳然としてある。例えばウクライナ戦争なんて、あれはアメリカの軍需産業がアメリカ製のミサイルや大砲や戦車をいっぱい作って、それをタダでウクライナにあげている。それでロシアと戦争をさせている。

アメリカの軍需産業（デフェンス・インダストリー defense industry）には、レイセオンとかユナイテッド・テクノロジーズとかロッキード・マーティンとかジェネラル・ダイナミクスとかボーイングとか、こういう大きな企業がある。これらを儲けさせて利益を出させるために、ウクライナに戦争をやらせている。

兵器の代金はタダということはない。日本にそれを払わせる。もうすでに日本は30兆円（2000億ドル）ぐらい払っている。アメリカ政府経由で日本政府から送られた資金が、

映画『アイズ・ワイド・シャット』(1999年)に、アメリカの超《ちょう》財界人、大富豪たちの度を超した異常な儀式《リチュアル》が正確に描かれている

日本で入手できる『アイズ・ワイド・シャット』"Eyes Wide Shut"は、削除された部分が多い不完全版だ。この映画を撮ったスタンレー・キューブリック監督は、映画が公開されて、すぐに死んだ。殺されたのだ。キューブリック監督は、アポロ計画の月面着陸(1969年)の捏造《ねつぞう》の映像をアメリカ政府の依頼で、イギリスのシェパートン・スタジオ(MGM《エム・ジー・エム》)で撮影した。

アメリカの軍需産業（兵器産業）に、代金として流れている。それでウクライナでドンパチ戦争をやらせている。

日本国民には、ほとんど何も知らせない。本当のことを書く新聞記事も無い。軍需産業を儲けさせないと、アメリカ経済がもたない。こういうことを、皆さん、分かりなさい。

ヴォルテールが見抜いたルソーの思想の危険性

このようにして、Ⅱ.自然権とⅢ.人権は、ジョン・ロックとジャン・ジャック・ルソーという大《だい》知識人2人が作ったのだ、と書いて説明してきた。とりわけ、この地上での人間の不平等の起源を解き明かしたというルソーの本『人間不平等起源論』（1755年）が、フランスやヨーロッパ全体で読まれた。フランス革命（1789年）の34年前だ。

ルソーは、人間は皆、平等に、地球上に生まれたのだ、それが王侯貴族の奴隷にされている、と言い切った。このジャン・ジャック・ルソーというフランスの思想家の名前だけなら、日本人の多くが学校で習って知っている。彼は、フランス革命勃発の11年前に死んだ。当時のヨーロッパに大変な影響を与えた。

西洋近代の啓蒙《けいもう》 enlightenment《エンライトンメント》 思想の大物2人が今、問題になってきた。ジョン・ロックとジャン・ジャック・ルソー。この2人がフランス革命、ロシア革命、中国革命という“人類の大実験”の失敗の大原因

ジョン・ロック John Locke（右、1632～1704）は、「イギリス経験論の父」で「自由思想の父」と呼ばれた。ロックの「自然権」ナチュラル・ライツが、ルソーの思想や共産主義など、現在のリベラル思想へ繋がった。
ジャン・ジャック・ルソー Jean-Jacques Rousseau（左、1712～1778）は、ロックの思想を補強し「平等思想」「人権」ヒューマン・ライツを発見した。それは危険だ、と批判したのがヴォルテール（1694～1778）である。ヴォルテールのほうが、社会契約説でまともだ。ルソーの自由、平等、博愛がフランス革命のスローガンとなって暴走して、たくさんの血が流れた。過剰な人間平等思想がやがて共産主義へとたどり着き、人類は、たとえば中国の文化大革命で1億人の餓死者を出した。

このルソーに対して、もう1人重要な啓蒙《けいもう》思想家がいる。ヴォルテール（1694～1778年）である。彼はルソーに対して、「あんまり過激になって、人間絶対《ぜったい》平等など言い過ぎてはならない。おまえの思想は危険だ」とルソーを批判した。

この大思想家のヴォルテールの考えが、今となってはより優れていることが分かる。ヴォルテールはモンテスキュー（1689～1755年）とは違う。

モンテスキューは、三権分立論を作った人だ。司法、立法、行政の3つの権力で、政治体制はできているべきだと主張した。

ところが、この国家体制論も真実かどうか分からない。モンテスキューがロンドンに行って、イギリスでジョン・ロックの思想を勉強した。そして、フランスに帰って来て作ったのが、この司法、立法、行政の三権の分立論だ。

3つの権力に分けて互いにチェック・アンド・バランスが働き、司法、立法、行政が互いを監視し合うことで、デモクラシーの政治体制が守れる、ということになっている。これもどうも怪しい、と現在では批判されている。

ヴォルテールはルソーより20歳ぐらい上だが、この人がルソーの思想は危ないと言った。なぜなら、「人間は平等だ」を言い過ぎたからだ。

ところが、このルソーの思想でフランス大革命は実際に起きた。実行された。誰がフランス大革命を実行したかと言うと、当時は立派な能力のある人間たちの集まりであったフリーメイソンの秘密結社が実践した。

パリに集まっていたフランスの青年貴族たちが、「理想社会を作る」と熱病にかかって実行した。ジャコバン党という組織に集まって勉強会をやった。何とか夫人、かんとか夫人のサロン salon もあった。このサロンに集まって、詩を発表したり、学術研究の成果を発表したり、政治論文を発表して、みんなの前で読み上げた。だから、フランス革命を扇動したのは、ジャン・ジャック・ルソーだ。

この時期に近代学問《きんだいがくもん》（モダーン・サイエンス。仏語でシャンス science）が成立した。その頃はまだ、大学とか学問機関とかはなかった。

このルソーの思想が、明治時代に日本に入った。そして、例えば戦後に日教組《にっきょうそ》と呼ばれる日本教職員組合の教師たちが、全国の国立大学の教育学部で、ルソーの『エミール』という人間教育の本を徹底的に教えられた。

マンガしか読めなくても日本では首相になれる

このことを、たとえば安倍晋三のような、生まれながらの反《はん》共右翼の人たちが、死ぬほど嫌った。人間は生まれたときから平等なのだ、そして、能力と知能は教育によって改善される。一所懸命勉強すれば、どんな人も機会が与えられて勉強ができるようになると、日教組の教員たちが教室で教えた。安倍晋三は、「そんなことはない」と腹の底から怒った。彼はいつまでたっても、まともに漢字が書けない、読めないまま大人になった。すなわち「やればできる」はウソなのだ。

戦争で日本がアメリカに負けて、アメリカからの指導（即《すなわ》ち洗脳）もあって、徹底した④デモクラシーと、①人権思想、②平等思想、③差別するな思想が植えつけられた。だが、日本人は頭のどこかで「そんなことはない」と疑っている。教育による改善にも限度がある、と考えている。

安倍晋三はディスレクシアという軽度の知能障害である。これは、難読症《なんどくしょう》 dyslectia と言われて、ちょっと難しい漢字や文章が読めない。このディスレクシアは、本当は国民の2割ぐらいいる。小学校の時から漢字があまり読めなかった人たちだ。

ところが日常生活では、彼らは何も困らない。人をだましたり、いじめたり、悪い策略を組んだりすることでは、安倍晋三は大変な才能が有った。だから政治家としては、ワルだが有能だった。

麻生太郎もそうだ。『ゴルゴ13《サーティーン》』の劇画《げきが》のマンガレベルしか文章が読めない。しかし、機を見るに敏《びん》だった。このような人間たちが、日本では指導者になる。あ、そうだ。森喜朗《よしろう》もそうだ。そして小泉進次郎がそうだ。よくも、これだけディスレクシアがそろったものだ。感心する。

アメリカが悪いのだ。アメリカがこういう人間たちしか、属国日本の指導者にしない。だから、民衆からの尊敬の上に成り立っている政治体制である本物のデモクラシーを、日本は実行できない。自分たちで、自分たちが尊敬できる指導者を選ぶことができない。

それに対して、田中角栄のような下からはい上がった土建屋上がりの、ものすごく優秀な頭脳をした、かつ民衆の気持ちもよく分かっている偉大な政治家を、アメリカがたたき潰した。それに、日本のお勉強秀才の官僚たちが同調した。日本のデモクラシーを壊したのはアメリカだ。角栄の跡継ぎが小沢一郎だけれども、追い詰められて、もうどうしようもない。

踊り狂う貴族こそがフランス革命の実態

だから、①人権、②平等、③差別するな、④デモクラシー、この4つに関して正直に議論することは、なかなか厳しい。だが、欧米の最先端の知識人、思想家たちが、このことを言い出した。それが、本書P67に載せたドナルド・トランプの側近のスティーヴン・ミラー（39歳）である。反《はん》移民の思想である。もうこれ以上、難民、移民を入れるな、という思想である。

フランス大《だい》革命のときに、本当は何をやったのか。青年貴族たちは、自分たちは貴族だからフランス全土の田舎に領地を持っている。この領地の百姓たちをこき使って取り立てた年貢（税金）で、パリでいい暮らしをしていた。

ところが、このフランス貴族たちが①人権と②平等の革命に狂った。彼らは頭に鳥の羽根をずらりと付けた。北米インディアンの真似をして、顔を白く塗って、インディアンの踊りをやった。人間は原始社会に戻って、平等で差別のない社会を取り戻すのだ、と。まさしくルソーの思想だ。理想の社会が近い、と言って踊り狂った。これがフランス革命の実態だった。

ところが、現実の北米大陸のインディアンは土民、原住民だ。ティピーと言うのだが、棒を3つ組んで、その3つ組んだ棒の周りに動物の皮を張って、テントを作って、その中で暮らしていた。火をたいて煮炊きして、バッファローを狩って、農業生産ではない採集《さいしゅう》経済で、木の実とかを食べて生きていた。これをフランスの貴族たちが、人類の理想社会だと思い込んで、大きく勘違いした。

イギリスのトマス・モアの『ユートピア』（1516年）という本が、先に理想社会を描いた。ここで初めて北米インディアンが理想化された。ユートピア Utopia とは「どこにもない国」という意味だ。トマス・モアは、自分が育てたヘンリー8世が啓蒙思想を身につけて、ローマ・カトリック教会と争ったときに、王に反対したので首をちょん切られた。あんまりキレイごとを言ってはいけないということだ。

『ユートピア』は、本当はトマス・モアの友人で、一緒にヘンリー8世を育てたエラスムス（オランダ人）が書いた。エラスムスが16世紀のヨーロッパの最大の思想家《スインカー》だった。

イギリスの市民革命もフランス大革命も、その後、悲惨なことになって、フランス貴族たちが互いの殺し合いになって自滅した。これではどうしようもないということで、軍人のナポレオンが出てきて治めた。大国フランスの力で、一瞬だが、ナポレオンは本物のヨーロッパ皇帝になった（１８０４年）。

アメリカ独立宣言はジョン・ロックの文章のほぼ丸写し

だから再び、あまりにキレイごとを言うのはやめよう、という段階に今、人類（人間）は突入した。①人権、②平等、③差別しない、④デモクラシーの４つで過剰な理想を実現する、で過激になると、その後《あと》が大変だ。だから、[2]フランス革命（１７８９年）は血だらけで大失敗。その後の[3]ロシア革命（１９１７年。レーニンたちのボリシェヴィキ革命）も大失敗。たくさんの政治活動家たちが、刑務所や流刑地で死んだ。

その後の１９５０年代からの中国の毛沢東が主導した[4]中国革命も大失敗。血だらけの殺し合いだった。中国では１９５８年がピークの大躍進《だいやくしん》運動で、２３００万人の農民が餓死した（毛里《もうり》和子氏の業績）。そして文化大革命（1966〜1976年）で、知識層200万人の政治弾圧と農民が合計1億人餓死した。これらは〝人類の大実験〟であり、そして大失敗した、と私、副島隆彦が名づけた。

それに対して、①アメリカ独立戦争（1775年から）を独立革命（インデペンデント・レヴォルーション）とも言うのだが、このアメリカ独立革命は成功した革命だった。アイン・ランドというロシアから来た女の思想家と、もうひとり、ユダヤ系のドイツ人の女思想家のハンナ・アーレントが、アメリカ独立革命は成功した革命だ。悪いことを何もしなかった。そして成功してアメリカ社会を豊かにした、と評価した。

このハンナ・アーレントの鼓舞《こぶ》で、ネオコンの思想が生まれた。同じくアイン・ランドの励《はげ》ましで、リバータリアン思想が生まれたのである。

そして、①と②から250年後の今、次の新しい革命がアメリカで起きようとしている。これが反《はん》ディープステイト革命である。トランプたちは新しい共和国《リパブリック》（アメリカ中央国《セントラル》）を作る。

アメリカ独立戦争から100年後に、南北戦争（市民戦争 civil war）という内乱が起きた。

これから数年かけてアメリカで起きるのは、まさしくこの第2次南北戦争でもある。

独立戦争は1775年、イギリス国王のジョージ3世に反抗して、アメリカ人たち（植民者 コロニスト、開拓農民）が独立した戦争だ。それに対して英国王や貴族たちはcolonialist コロニアリスト 植民地支配者たちである。

独立宣言（1776年）を書いたのはトマス・ジェファーソンという、まだ若い知識人の指導者だ。ジェファーソン（第3代大統領になる）がアメリカ独立宣言を、ジョン・ロックの文章をほぼ丸写しにして、リメイクして書いた。だからアメリカ独立宣言は、ジョン・ロックの思想（Ⅱ. の自然権）で出来ている。

ジェファーソンよりも30歳ぐらい年上のベンジャミン・フランクリンが、ものすごく優れた人物だった。思想家《スインカー》レベルだ。この人が本当のアメリカ独立革命のファウンダーだ。このフランクリンより20歳ぐらい下がジョージ・ワシントンだ。

ワシントンは若いころから軍人だ。軍人といっても、彼は大英帝国のイギリス軍（ロイヤル・アーミー）の下にくっついていた植民地軍の司令官だった。アメリカの植民者たちの軍隊を作れと言われて、イギリス・ロイヤル・アーミー（イギリス国王軍）の下で動いていた。それが独立軍になった。

このフランクリン、ワシントン、ジェファーソンの3人が代表だ。彼らを Founding Fathers ファウンディング・ファーザーズと英語で言う。これは、アメリカ建国の偉大なる父たち、という意味だ。Founding（基礎、土台）を作った創業者の偉大な父たちと、今も呼ばれている。この3人は、あまりキレイごとを言わないで、地道《じみち》に国家経営をした。いつ何時、イギリス国王軍がまた攻めて来るか、分からなかったからだ。

彼らはフリーメイソンだ。フリーメイソンリー Freemasonry たちは、前垂れの商人用エプロンの正装をしている。フランクリンが、まだアメリカ独立前のパリに行って、駐フランス大使だった。フランス語で話して、フランス貴族たちにものすごく尊敬された。

その跡継ぎがジェファーソンだ。ジェファーソンもアメリカ独立宣言（1776年）をした後のフランス大使になって行って、フランス貴族たちにものすごく愛された。ジェファーソンはフランス革命（1789年から）を目撃している。

LGBTQとトランプ勢力の闘い

そしてP177の1枚の図表に戻ると、Ⅰ.自然法、Ⅱ.自然権、Ⅲ.人権、Ⅳ.人定法に続く5つ目のⅢ′(スリーダッシュ)の思想勢力が存在することが分かる。これは、Ⅲ′の人権《ヒューマンライツ》派から派生して出来た思想である。この1枚の図表に載せた通り、アニマル・ライツ(動物の権利派という)と言う。人権の次は動物の権利《ライツ》なのだ。

ここは人権派が過激化して生まれた新《しん》左翼(ニュー・レフト)と、環境保護派(エンヴァイロメンティスト)とフェミニスト、そして菜食主義者(ヴェジタリアン)が結集している。LGBTQのオカマの同性愛者たちも、ここに含まれる。

私、副島隆彦は、ここの新《しん》左翼に少年時代から属したのだが、「こりゃ、いかんわ」ということで、30歳で脱出した。そして、30代からは前記したⅣ.人定法《じんていほう》派(ポジティヴ・ラー)のリバータリアンになった。

このⅢ′の同性愛者(gay ゲイ)たちが、これから人類の主流になり、人間の進歩した形である、と彼らLGBTQたちは信じている。しかし「お願いだからもうやめてくれ」と言うのが、アメリカのトランプ派の民衆の考えだ。

このLGBTQ(Ⅲ′.アニマル・ライツ)の勢力は、「白人たちは、あまりにも黒人やインディアンやヒスパニックをいじめ過ぎた。人種差別をやり過ぎた。だから黒人がこれからは威張っていいのだ」という思想だ。クリティカル・レイス・セオリー「差別を是正《ぜせい》する

パリ五輪で女子ボクシングに、“生物学的に男” biological《バイオロジカル》 man《マン》 が出場し金メダルを獲得した。行き過ぎたLGBTQの性別転換保護である

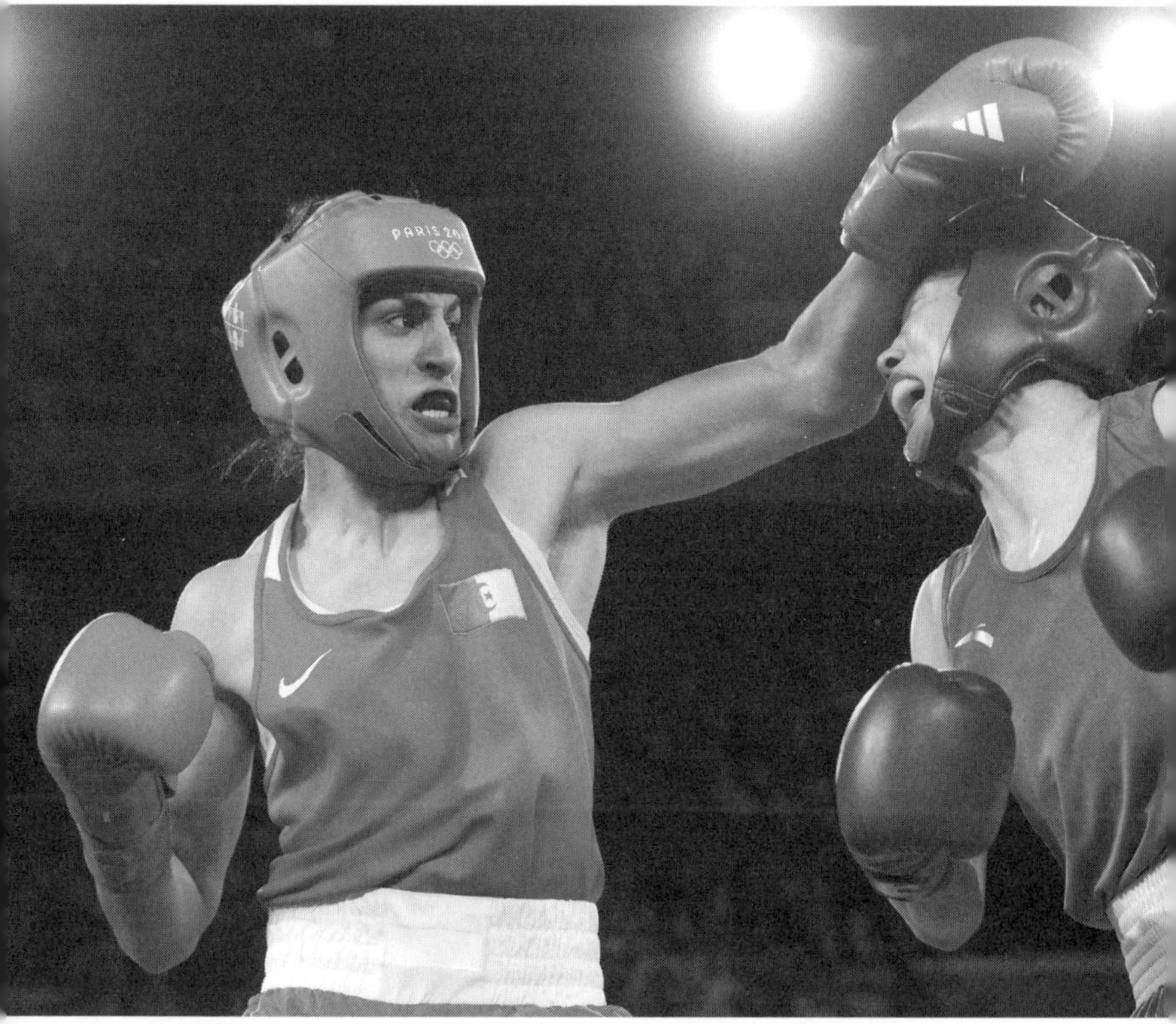

金メダルを獲ったのは、ボクシング女子66キロ級アルジェリア代表のイマネ・ケリフ(25歳)と、ボクシング女子57キロ級台湾代表の林郁婷《リンユーティン》(28歳)。自分は女だと自己宣言しているから女である、と。他の選手たちは「殺される」と棄権した。

理論」(CRT)が、同性愛肯定論とともに今、アメリカでリベラル派、ディープステイト側が採用している教育理論だ。

このLGBTQのⅢ.の勢力とトランプ勢力が今、アメリカで闘っているのである。同性愛者や過剰な福祉優先主義者や環境保護派や、南から押し寄せてくる移民たちを扇動している人種平等主義者たちと、トランプ派は必死に戦っている。

「もうこれ以上、移民は受け入れられない」とトランプ派は言っている。同じくヨーロッパの各国に生まれている反《はん》移民の政党も同じだ。

この考えだと、人種平等思想をかなぐり捨て、人種差別を認めることになる。だから、ディープステイトが握っているメディアから、一様に極右《きょくう》政党と呼ばれている。ドイツのAfD(アー・エフ・デー)や、フランスのマリーヌ・ルペンの国民連合がそうだ。反《はん》移民を唱える政党が、ヨーロッパのどこの国でも第1党になりつつある。

トランプ勢力は、「もうこれ以上、南の国境線からヒスパニックを入れるな。彼らの多くは犯罪者だ」と悲痛な声を上げている。そして、前述した④スティーヴン・ミラーStephen Millerというトランプのスピーチライターをやった若い知識人が、トランプ側近《そっきん》

今もメキシコからの不法移民は、国境の壁を超えてアメリカに侵入している。白人だけでなく黒人もヒスパニックも下層の仕事を取られるので、これ以上の移民を喜ばない

カマラ・ハリスは副大統領として移民対策を任されたにもかかわらず、メキシコ国境に足を運ばず批判を受けてきた。カマラはこれまで「不法越境者は犯罪者ではない」と発言。しかし、選挙が近くなると急に取り締まる方向へ転換した。

アメリカ国民のほとんどは、「もう移民はを入れるな」と考えている。職も奪われ、治安も悪化する。とても彼らを支えきれない。そもそもアメリカは白人国家だと正直に言おうとしている。

で国境問題担当だ。思想家として反《はん》移民思想を唱えている。

ミラーの思想が、現代世界の最重要な知識課題となっている。今回のトランプ革命の中心の思想だ。他にないのだ。それが、本書P67に載せた、新約聖書からの引用である「ゴグとマゴグの最終戦争」の思想だ。

はっきり言う。これは「人種差別をしない③」を否定する思想だ。ここまで言い切らないとだめだ。私、副島隆彦が、ここで今の世界の思考《スインク》（思想《ソート》）の最先端は何なのかを、こうやって日本の知識層（読書人階級）に教えなければ済まないのだ。そのために、私はこの本を書いている。なかなかキツいことだ。

さらに、人間は②の平等ではない、まで言う。人間は生まれながらに絶対平等だ、と強固に主張したジャン・ジャック・ルソーの思想を否定しなければ済まない。今、人類（人間）はここまで来た。

第6章
トランプ側近の重要人物14人の知られざる素顔

トランプを近くで支える真のキープレーヤーたち

この最終章で、トランプの側近の重要な人物たちを、まとめて解説する。これまでに説明してきた「プロジェクト２０２５」の主要な執筆者たちも入っている。次の者たちである。私が番号を付けてある。すでに前のほうで出て来た者たちもいる。④のスティーヴン・ミラーや、⑧のクリストファー・ミラー（軍人）や、⑨のピーター・ナヴァロや、⑩のベン・カーソンである。

①クリス・ラシビータ　トランプ選対広報担当
②スージー・ワイルズ　トランプ選対広報担当
③コーリー・ルワンドウスキー　２０１６年のトランプ選対本部長
④スティーヴン・ミラー　トランプのスピーチライター、国境移民問題担当
⑤ジェイソン・ミラー　トランプ選対メディア戦略担当
⑥スティーヴン・チュン　トランプ選対メディア戦略担当

⑦ダン・スカビノ　トランプ選対ソーシャルメディア担当
⑧クリストファー・ミラー　トランプ派軍人のトップ
⑨ピーター・ナヴァロ　トランプ前政権の通商担当大統領補佐官
⑩ベン・カーソン　トランプ前政権の住宅都市開発長官
⑪ケヴィン・ロバーツ　ヘリテージ財団会長
⑫ポール・ダンス「プロジェクト2025」編集責任者
⑬ドナルド・ディヴァイン　レーガン政権の人事管理局長
⑭ラス・ヴォート　トランプ前政権の行政管理予算局長

再度書くが、「プロジェクト2025」（2023年4月発表）に、民主党（ディープステイト側）の議員たちがカアーっとなった。「トランプが勝ったら、オレたち全員が逮捕されるぞ」とゾッとした。それで8月22日までの民主党大会（シカゴで開催）で、民主党の議員たちが次々に登壇して、この「プロジェクト2025」の分厚い報告書の束を手にして、「これは私たちへのトランプからの攻撃だ」と悲鳴を上げた。

ここで、2024年2月5日のロイターの記事を載せる。長いのでダイジェストにする。

この記事が一番よくまとまっている。

「トランプ氏を支えるキープレーヤーたち、陣営新幹部は表舞台に出ず」

レーガン元大統領の選挙陣営で働いたベテラン選挙参謀。中東で負傷した元海兵隊員。総合格闘技UFCの広報担当者。ソーシャルメディア対策を仕切る元キャディ。これがドナルド・トランプ陣営《キャンプ》の主力だ。

緊密で統制の取れた側近としてホワイトハウス奪還をめざす前大統領の周囲を固めるのは、こうした少数の特色ある顔ぶれだ。現・元官僚や献金者、ストラテジストを含め、トランプ陣営に近い十数人へのインタビューから明らかになった。

取材に応じた人々によれば、トランプ陣営の中枢は6人の側近で固められている。ボスであるトランプ氏に揺るがぬ忠誠を捧げ、ほぼ黒子《くろこ》役に徹している。勝手放題のアドバイザーたちが内紛やメディアへのリーク、解任騒ぎを繰り返していた過去のトランプ陣営とは好対照だ。

トランプの選対《せんたい》を取り仕切る、クリス・ラシビータ(57歳、左)とスージー・ワイルズ(67歳、右)

2024年2月5日のロイター報道によると、トランプ陣営の共同選対本部長を務めるクリス・ラシビータは元海兵隊員で湾岸戦争で負傷後、政治コンサルタントとなった。

また、同上級顧問を務めるスージー・ワイルズは、トランプの元ライバルのフロリダ州知事、ロン・デサンティスの側近だった。そのため、トランプに共和党候補選でデサンティスの弱点を教えた。2人は控え目で目立たない。

トランプ陣営の共同選対本部長を務める①クリス・ラシビータ氏（57）は、「戦場に一緒に行くなら、信頼できる人間でなければ」と語る。元海兵隊員で1991年の湾岸戦争で負傷し、政治コンサルタントに転じた。

「指揮系統はきわめて明確だ。そのトップにあの人がいる」と①ラシビータ氏。あまり表に出てこない①ラシビータ氏と、ともに選挙運動を仕切る②スージー・ワイルズ氏の姿を人々が目にしたのは、トランプ氏が1月、アイオワ州の共和党党員集会で51％の支持を得て勝利し、ステージに上がって勝利宣言を行った時だった。

トランプ氏の背後には、赤いブレザーを着てステージの端《はし》に立ち、身体の前で両手を重ねる②ワイルズ氏の姿があった。さらにその後ろには、①ラシビータ氏のつるっとした頭も見えた。

トランプ氏は2人の方を向いて、「彼らは何の称賛も求めていない。ただ勝利をめざし、米国を再び偉大にしたいと願っているだけだ。何か話すことや写真に映ることは望んでいない。ただ任務を果たしたい、それだけだ」と語った。

2016年大統領選挙でトランプ陣営の選対本部長を務め、今もトランプ氏と親密な③コーリー・ルワンドウスキー氏は、あるインタビューの中で、「たいていの人は

②スージー・ワイルズとは誰なのか、①クリス・ラシビータとは何者なのかを知らない。それは悪いことではない」と語る。

トランプ氏は、米国史上最大規模の移民送還措置、「腐敗している」と決めつける国家安全保障当局者の更迭、政敵の「一掃」など、分断を深める計画を口にするが、新たな側近たちがこれを抑止しようとする兆候は表面化していない。

〈格闘技とゴルフ〉

実情を知る選挙陣営関係者によれば、②ワイルズ氏（女性）は活動予算から移動の予定に至るまで、あらゆることに目配りしているという。この関係者は、取材に応じた他の多くの人々と同様、自由に話すために匿名を希望している。

②ワイルズ氏はもう1つ重要な手土産をトランプ陣営にもたらした。当初トランプ氏の主なライバルであったロン・デサンティス候補をよく知っていたからだ。

②ワイルズ氏は、2018年のフロリダ州知事選におけるデサンティス氏の勝利に貢献した。だが、その後、関係が悪化して同氏と決別した。トランプ陣営の戦略を知る複数の情報提供者によれば、②ワイルズ氏が加入したことで、デサンティス氏が出

馬を表明する前から、トランプ陣営では早々に同氏の弱点を見極めることができたという。

トランプ陣営の内部の動きに詳しい別の情報提供者によれば、「2人は常に連名でトランプ候補に進言している」。

メディア戦略を担当するのは選対ストラテジストを務める⑤ジェイソン・ミラー氏と、⑥スティーヴン・チュン氏。⑥チュン氏は、ケージファイト形式の総合格闘技アルティメット・ファイティング・チャンピオンシップ（UFC）の広報担当チーフという経歴を持つ。

やはり側近として名を連ねるのが、トランプ政権下のホワイトハウスで政務局長を務めたブライアン・ジャック氏だ。政治家（共和党議員）たちへの働きかけを取り仕切り、支持を確保する役割だ。

ソーシャルメディア対応は、⑦ダン・スカビノ氏が担当する。⑦スカビノ氏は、トランプ氏にとって最古参の側近の1人だ。その縁は、不動産業界の大物だったトランプ氏のゴルフにキャディとして付き添った1990年代にさかのぼる。3回の大統領選挙全て、そしてホワイトハウスでの4年間、トランプ氏の脇を固めた。

長くトランプを支え続ける2人の懐刀《ふところがたな》

ジェイソン・ミラー Jason Miller（50歳、右）は、トランプ選対のメディア戦略を担当している。2016年の大統領選では、トランプ陣営の広報アドバイザー、スポークスマンを務めた。2021年1月、GAFA（ビッグテック）によってトランプの全SNSアカウントが削除された後、GETTR（ゲッター）というSNSを立ち上げた。

コーリー・ルワンドウスキー Corey Lewandowski（51歳、左）は、2016年の大統領選でトランプの選対本部長を務めた。だが、同選対のポール・マナフォートと衝突し、選対を離れた。その後も何度もトランプの大統領執務室を訪れ、トランプとの親密な関係を維持している。

①ラシビータ氏はロイターの取材に対し、「トランプ氏は多種多様な人々にアドバイスを求める習慣があるが、私はそれを止めない」と語った。

〈パームビーチで朝のミーティング〉

35人前後のトランプ陣営スタッフは、フロリダ州パームビーチにある、トランプ氏の邸宅「マール・ア・ラーゴ」に近い地味なビルを拠点として活動している。同陣営の動きを知る選対関係者の1人が明らかにした。

同じ選対関係者によれば、②ワイルズ、①ラシビータ氏などのメンバーで構成される選対《せんたい》中枢は、毎朝9時からのミーティングで始動し、計画を立て、問題を精査する。重要なのは、情報漏えいや内紛を防ぐために、全員の意見をよく聞くことだ。

その後、何か面倒な案件をトランプ氏に伝えに行くのは、ふだんは②ワイルズ氏の役目だ。②ワイルズ氏は週に複数回、トランプ氏との打ち合わせをしている。

トランプ氏のための政策提言を、誰が作成しているのか。正確に把握することも困難だ。

2人の情報提供者によれば、「ホワイトハウスの元《もと》上級顧問で強硬な反《はん》移民政策を

トランプ選対チームのメディア対策を担当するのがスティーヴン・チュン（42歳、右）とダン・スカビノ（48歳、左）

同じく2024年2月5日のロイター報道で、トランプの選挙戦でメディア戦略を担当するスティーヴン・チュン。チュンは檻《おり》の中で戦う総合格闘技UFCの広報担当チーフだった。

一方、ソーシャルメディア担当がダン・スカビノ。スカビノはトランプの大統領次席補佐官。元々は1990年代に、不動産業者（デベロッパー）のトランプ（30歳代）のゴルフのキャディをしていた。ずっとトランプの側近である。

掲げる④スティーヴン・ミラー氏が、対メキシコ国境に関する政策提言の主役だ」という。

（2024年2月5日　ロイター）

①ラシビータは1966年生まれ。1989年に海兵隊に入隊。1991年の湾岸戦争で負傷しパープルハート勲章を与えられた。その後、政治コンサルタントとして共和党の政治家にアドバイスするようになった。2015年にランド・ポール（ケンタッキー州選出上院議員。リバータリアン）のアドバイザーとなり、翌2016年、トランプ陣営に加わった。そして2024年の大統領選挙では、②ワイルズとともに選対トップを務めた。

②ワイルズは1957年生まれ。父はプロフットボール選手だった。1979年、共和党のジャック・ケンプ下院議員のアシスタントになり、翌1980年、ロナルド・レーガンの大統領選チームに加わった。その後2016年、トランプの大統領選でフロリダ州の選対を取り仕切った。

2018年、フロリダ州知事選に出馬したロン・デサンティスのアドバイザーとなり、勝利へと導いた。だがデサンティスと決別。2021年から、トランプ再選チームのトップとなる。

③ルワンドウスキーは、1973年生まれ。大学卒業後、政治家を目指したが叶わず、共和党の政治家の広報などを務めた。2014年、初めてトランプに会い、その後2016年のトランプ大統領選チームに参加。だが、記者に対する傷害容疑でチームを離脱（クビ）。だが、その後もトランプとは親密。

2020年に⑧クリストファー・ミラーが国防総省のスタッフとしてルワンドウスキーを登用したが、バイデン政権の国防長官ロイド・オースティンによって解雇された。

⑤ジェイソン・ミラーは1974年生まれ。〝3人目のミラー〟と呼ばれる。2016年のトランプの大統領選でチーフ・スポークスマンを務めた。以来、現在に至るまでずっとトランプの最側近として知られる。1994年から政治家のスタッフとして政治活動を開始。2008年、大統領選に出馬したルドルフ・ジュリアーニ元ニューヨーク市長（トランプの固い同志。破産させられた）の広報を務めた。

その後2016年、共和党の大統領候補者選びの時、テッド・クルーズ（テキサス州選出上院議員）の広報アドバイザーとなり、次いでトランプ選対チームの上級広報アドバイザーとなった。

⑥スティーヴン・チュンは1982年生まれ。チュンは学生時代から、当時のカリフォルニア州知事アーノルド・シュワルツェネッガーの広報とスピーチライターを務めた。その後2008年、ジョン・マケイン（ヒラリーと同格のワル。元戦闘機パイロットで北ベトナムで捕虜。上院議員になった）の大統領選チームに参加。2013年からは総合格闘技UFCの広報ディレクターを務めた。

2016年、UFCを辞めトランプの選対チームに参加。トランプ当選後はホワイトハウス入りし、ニール・ゴーサッチの最高裁判事就任などを先導した。2018年にホワイトハウスを離れたが、2020年の大統領選の不正選挙でトランプが敗れると、選挙の不正追及活動に加わった。2024年のトランプ選対チームでは、TikTokなどを利用した広報活動を展開中。

⑦ダン・スカビノはニューヨークで生まれ育ち、1992年から、トランプ主催のゴル

フ大会で、トランプのキャディを務めた。その後2016年の大統領選でトランプチームのソーシャルメディア担当ディレクター。「ヒラリーは、これまでで最も腐敗した候補」と揶揄《やゆ》するなど、ツイッター（現X）を活用した選挙広報活動を展開した。ホワイトハウスに入ると、トランプのツイッターアカウントの執筆、投稿を担当。4年間の任期中、ずっとトランプに仕えた。

トランプがホワイトハウスを去ると、スカビノは、トランプのゴルフクラブのジェネラル・マネージャーとして雇われた。そして2024年の大統領選で、トランプ選対のシニア・アドヴァイザーを務める。

前述したとおり、「プロジェクト2025」を中心となってまとめたのが、ヘリテージ財団会長の⑪ケヴィン・ロバーツと⑫ポール・ダンスだ。そのほかに、重要な章である第2章、アメリカ合衆国大統領府 Executive Office of the President of the United States を担当したのが⑭ラス・ヴォートだ。

⑭ラス・ヴォートは1976年生まれ。ヘリテージ財団でロビイストを務めた後、トランプ政権のホワイトハウスに入り、行政管理予算局（OMB《オウエムビー》）長を務めた。このOMBが

国家予算（案）を作成する。日本の大蔵省主計《しゅけい》局長に相当する。バイデン政権の始まりの時に、このOMBトップとして情報の提供を拒否し、バイデン政権への移行を意図的に遅らせたと、バイデン側の怒りを買った。

2021年、⑭ラス・ヴォートは、現在の「差別をするな思想」の中心である批判的人種理論 クリティカル・レイス・セオリー Critical Race Theory（CRT）と徹底的に闘うため、センター・フォー・リニューイング・アメリカ the Center for Renewing America を設立した。

「プロジェクト2025」では、トランプが大統領時代に発した大統領命令 executive order への絶対服従を主張。さらに、バイデン政権が進めたドル紙幣と米国債の刷り散らかし問題についても、徹底的に批判している。

トランプの新共和国で廃止される中央省庁

ここからは、「プロジェクト2025」が明記した、トランプ新政権が廃止する、と決断する中央省庁を列挙する。

ヘリテージ財団が公表した「プロジェクト2025」の中心人物たち

⑪ケヴィン・ロバーツ Kevin Roberts（50歳）。ヘリテージ財団会長。2021年に財団に入ると、すぐに「プロジェクト2025」を始動した。
⑫ポール・ダンス Paul Dans（年齢非公表）。「プロジェクト2025」のディレクター。同プロジェクトに対し民主党からの激しい攻撃が起きたので、トランプが7月5日に、（表向き）私は無関係だと表明すると、その直後にヘリテージ財団を退職した。
⑬ドナルド・ディヴァイン Donald Devine（87歳）。長老格。レーガン政権時の人事管理局（OPM）長。1992年から長くヘリテージ財団の特任教授を務める。
⑭ラス・ヴォート Russ Vought（48歳）。トランプ政権の行政管理予算局長。ヘリテージ財団のロビイストも務める。

1. 大統領権限を強化し、権限集中のために司法省《ジャスティス》（DoJデパートメント・オブ・ジャスティス）を廃止する。大統領の直轄下に置く。司法省（犯罪捜査機関）が、トランプを虐《いじ》めるためにたくさん違法に起訴した。

2. FBIも同様。一旦《いったん》廃止して大統領の下に置く。

3. 国務省（ステイト・デパートメント。外務省）の高級職員48人を全員クビにする。同様に、全省庁で4000人いる政治的任用（ポリティカル・アポインティ）の高官全員を解雇して、思想チェックを行う。

4. DHHS（連邦国民健康保険支援省）を廃止する。オバマ・ケアの健康保険制度を見直す。貧困層と高齢者用の「メディケイド」を縮小する。公的支出を削る。そして州レベルに任せる。

5. 国立衛生研究所（NIH《エヌアイエイチ》）と、その下にあるCDC《シーディシー》（疾病《しっぺい》対策予防センター。大悪人《だい》のアンソニー・ファウチが所長だった。逃亡した）は、コロナウイルスとワクチンで国民に大きな健康被害を与えたので廃止。ES《イーエス》細胞研究への助成も打ち切る。

6. FRB《エフアールビー》（連邦準備制度理事会。実質の国立《こくりつ》銀行）を廃止。インフレ対策だけの金利（金融）

政策にする。金《きん》本位制に戻る準備をする。

7. 評判の悪い（金持ちの家を襲撃する）内国歳入庁《ないこくさいにゅうちょう》（IRS《アイアールエス》。インターナル・レヴェニュー・サーヴィス。日本の国税庁）を廃止する。税率（租税《そぜい》）を15％（低所得者）と30％（それより上）の単一《たんいつ》課税にする。ミルトン・フリードマンが作った累進《るいしん》税制の廃止。法人税は一律18％にする。

8. FTC《エフティシー》（連邦取引《トレイド》委員会。独禁法《どっきんほう》を執行する）を大幅に縮小。企業活動の自由を広げる。

9. 環境《エンヴァイロンメント》保護庁（EPA《イーピーエイ》）を廃止。二酸化炭素（CO_2）悪者《わるもの》説の地球温暖化説を否定する。気候変動説を煽《あお》っているNOAA《エヌオウエイエイ》（アメリカ海洋大気《たいき》庁）を廃止。自動車排ガス規制法も廃止。石炭と天然ガス産業の採掘を促進する。

10. 教育全般について連邦政府の役割を大幅に減らす。教育は各州に任せる。従《したが》って、教育《エデュケイション》省（DoE）を廃止。低所得者児童と学校給食への助成金も大幅削減。

以上のとおり「プロジェクト2025」は、極めて大きく中央の官僚機構を叩き壊す。そして、簡素な政府を作る。国防についても、国民（民衆、市民）による自衛武装の思想（リバータリアン）に基づき、「外国が攻めて来たら、全員で国土内《ない》で戦う」という思想にする。

外国に駐留しない。

これらの新政策（制度思想）を、トランプ勢力は、これから徐々に作る自分たちの新国《しん》家で実践、実行しようとしている。巨大な軍需産業（ディープステイト）を、もうのさばらせない。

「プロジェクト2025」の冒頭の恐ろしさ

ここから「プロジェクト2025」で、一番重要な核《かく》の部分を、英文と日本語訳の両方で解説する。まずは、⑫ポール・ダンスによる冒頭の「ノート」（注記）だ。前で説明したとおり、ここが最も民主党の怒りを買い、トランプ殺害計画へと動き出すきっかけとなった最重要部分だ。

「プロジェクト2025」の真の重要性は、トランプが大統領に復帰できなかった時に、そのあとのトランプ勢力が新共和国《しん》（アメリカ中央国《セントラル》）を建国し、運営してゆく時に、これらの指針、方針、工程表 road map《ロウドマップ》 が採用され、活用され、実行されてゆく、ということである。

Project 2025 is more than 50 (and growing) of the nation's leading conservative organizations joining forces to prepare and seize the day.

「プロジェクト2025」は50以上（現在も増え続けている）の我が国をリードする保守派組織が参加している。「その日をつかむ」べく周到に準備する。（注）シーズ・ザ・ディ「その日をつかめ」は、ソール・ベロウの有名な小説の題名で、元は聖書の中のコトバ。

The axiom goes "personnel is policy," and we need a new generation of Americans to answer the call and come to serve.

「人事は政策だ」というのは自明の理（アクシアム。公理）である。そして、私たちは新しい世代のアメリカ人を求めている。（戦うための）招集に応じ、大統領の下に集結し仕えるためだ。

This book is functionally an invitation for you the reader — Mr. Smith, Mrs. Smith, and Ms. Smith — to come to Washington or support those who can. Our goal is to assemble an army of aligned, vetted, trained, and prepared conservatives to go to work on Day One to deconstruct the Administrative State.

この本は、読者のあなた方——ミスター・スミス、ミセス・スミス（スミス夫人）、そしてミズ・スミス（スミス女史）——にワシントンに集結して、それぞれができる限り力を出してほしいという招待状だ。私たちの目標は、選び抜かれ、よく訓練され、そして準備万全な保守の人間たちが団結した軍隊《アーミー》となって集まり、Day One「第1日目」から官僚国家《アドミニストレイティヴ・ステイト》を解体することだ。

As Americans living at the approach of our nation's 250th birthday, we have been given much. As conservatives, we are as much required to steward this precious heritage for the next generation.

建国250周年（2026年）へと向かうこの国に住むアメリカ人として、私たちはたくさんの天分《てんぶん》（天からの贈り物、豊かさ）を与えられてきた。そして保守派として、私たちはこの貴重な財産（古き良きアメリカ）を、次の世代のためにしっかりと管理、維持することが求められている。

保守派が考える「アメリカへの約束」

ヘリテージ財団会長の⑪ケヴィン・ロバーツによる序文も重要だ。タイトルは A Promise to America「アメリカへの（私たちの）約束」である。

Forty-four years ago, the United States and the conservative movement were in dire straits. Both had been betrayed by the Washington establishment and were uncertain whom to trust.

44年前（1980年のレーガン大統領の当選時）、アメリカ合衆国と保守派運動は未曽有の危機（八方ふさがり）の中にあった。私たちは、ワシントンのエリートたちエスタブリッシュメント（官僚と超《ちょう》財界人の2つ《ボウス》）に裏切られた。そして私たちは、誰を信頼していいか分からなくなってしまった。

Look at America under the ruling and cultural elite today: Inflation is ravaging family budgets, drug overdose deaths continue to escalate, and children suffer the toxic normalization of transgenderism with drag queens and pornography invading their school libraries.

支配力においても文化の面においてもエリートとされる連中の下にある今のアメリカを見よ。インフレが家計をボロボロにし、ドラッグの過剰摂取による死者数は増える一方だ。そして子どもたちは、（気持ち悪い）ドラァグクイーン（オカマ）と幼児ポルノとともに推し進められる、毒にしかならない「正常化」が学校の図書館に押し寄せていることで苦しんでいる。

帝国を内側から滅ぼすのはドラッグである。かつての大清《しん》帝国（清朝）もイギリスが持ち込んだアヘンで滅亡した

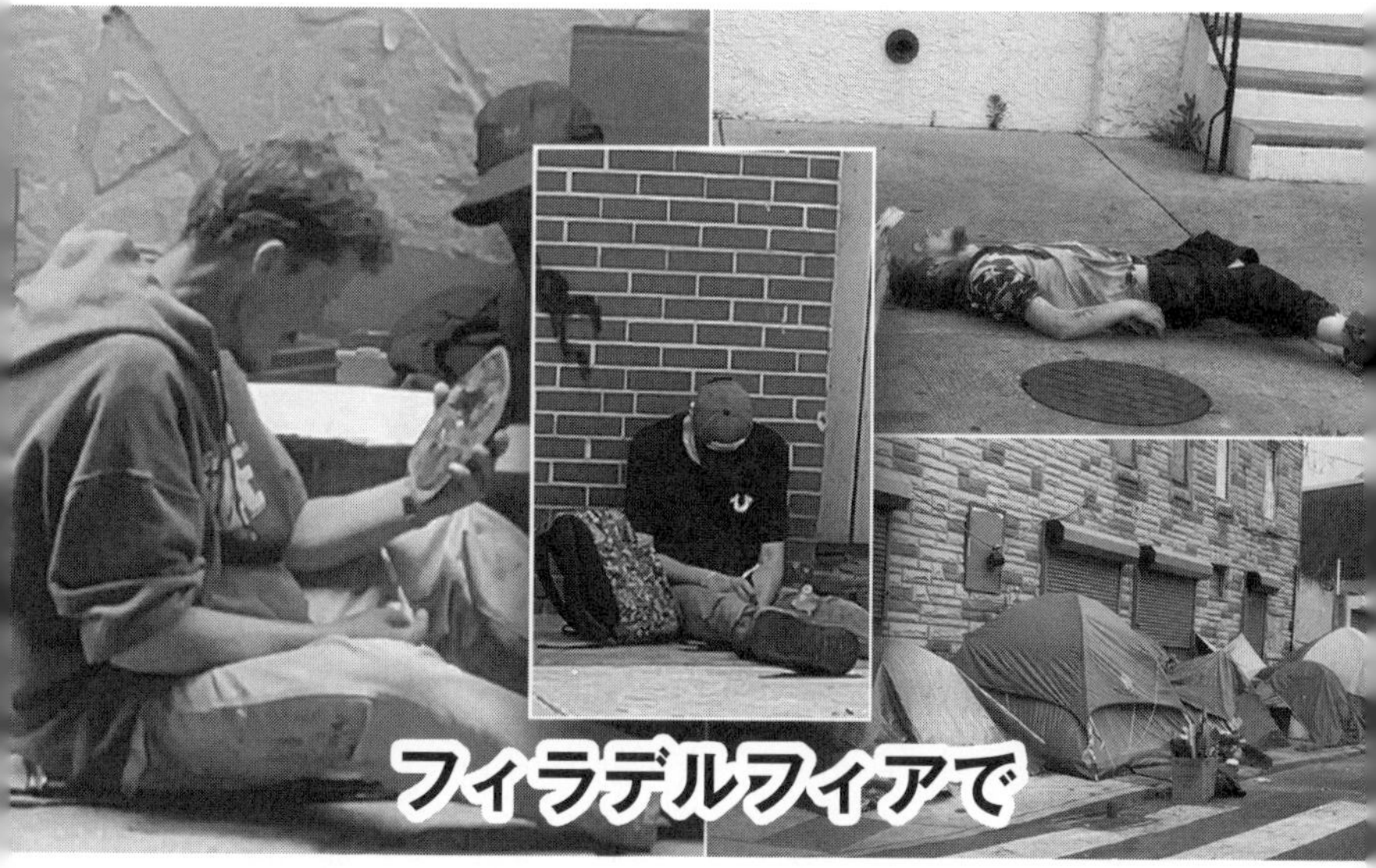

アメリカでは、ますます「ゾンビ・ドラッグ」がはやっている。トランプは大統領在任中、ドラッグに対して厳しい姿勢をとった。歴史上の帝国が麻薬で崩壊したと知っていた。以下に短い記事を載せる。

――ドナルド・トランプ米大統領は19日、薬物中毒の拡大を食い止めるための一連の計画を明らかにした。処方鎮痛剤やヘロインなどに含まれるオピオイド中毒が問題なので、麻薬密売に厳しい措置を取る構えだ。ただ、政治や司法面からの強い反発がある。

米国では薬物中毒患者が約240万人いると推定され、保健省によると、2016年には63,600人が薬物中毒で死んだ。トランプ大統領は「麻薬密売人に厳しい措置を取らないなんて時間の無駄だ。この措置には死刑が含まれる」と発言。トランプ大統領は以前も、「麻薬密売人には究極の刑罰が必要だ」と示唆した――（2018年3月20日 BBC）

Overseas, a totalitarian Communist dictatorship in Beijing is engaged in a strategic, cultural, and economic Cold War against America's interests, values, and people—all while globalist elites in Washington awaken only slowly to that growing threat. Moreover, low-income communities are drowning in addiction and government dependence.

海外に目を向けると、北京の全体主義の共産党の独裁者（習近平）が、アメリカの国益、価値、そしてアメリカ国民に対して、文化面、経済面から戦略的に冷戦を仕掛けている。ところが、（首都）ワシントンにいるグローバリストのエリート（ディープステイト）は、それらの増大する脅威に対し、怠慢な対応をするだけだ。しかも、低所得者層の住む地帯《コミュニティ》は、麻薬の常習と、政府にべったり頼りきる福祉の波の中で溺れかけている。

Contemporary elites have even repurposed the worst ingredients of 1970s "radical chic" to build the totalitarian cult known today as "The Great Awokening."

現代のエリート（ディープステイト）たちは、1970年代に流行った最悪の事象〝ラディカル・シック〟すなわち金持ちたちの形だけの左翼、リベラル礼賛《らいさん》に再度目を付けた。そして今日、全体主義《トータリタリアン》のカルトだと知られる「大覚醒《だいかくせい》運動」（グレイト・アウォークニング）を開始した。

And now, as then, the Republican Party seems to have little understanding about what to do. Most alarming of all, the very moral foundations of our society are in peril.

そして当時と同様、現在の共和党の連中も、今、何をすべきかが全く分かっていないようだ。もっとも警戒すべきは、私たちの社会の基盤をなす大切なモラルが危機的状況《イン・ペリル》にあるということだ。

軍隊と官僚機構を蝕むリベラルイデオロギー

第4章の「国防総省」を担当したトランプ派の軍人⑧クリストファー・ミラーは書く。「戦争を避けるためには平時の準備が大事だということを、かつてのアメリカ人は理解していた。だが、国防総省は今とんでもない状況にある。バイデン政権による徹底的にふざけた軍人平等政策とワクチン接種の強要が、軍に深刻なダメージを与えた」と。とりわけ、軍の平等政策について、次に具体的にポイントを確認する。

Reverse policies that allow transgender individuals to serve in the military. Gender dysphoria is incompatible with the demands of military service, and the use of public monies for transgender surgeries or to facilitate abortion for servicemembers should be ended.

真逆《まぎゃく》の政策により、トランスジェンダー（性別転換者）たちが軍に入隊するようになっている。性別不合者（性同一性障害）は軍務と徹底的に合わない。そして、兵士、軍関係者の性転換手術や、中絶促進施設に公金を出すことは、終わりにすべきである。

前述したように⑫ポール・ダンスを指導し、レーガン政権で人事管理局（OPM）長を務めた⑬ドナルド・ディヴァインは、ダンスとともに第3章の「中央人事機構 官僚の管理」を担当した。

Today, the federal government's bureaucracy cannot even meet its own civil service ideals.

今日、連邦政府の官僚制度は、国民への奉仕という根本の理念と、まったく合わなくなっている。

The merit criteria of ability, knowledge, and skills are no longer the basis for recruitment, selection, or advancement, while pay and benefits for comparable work are substantially above those in the private sector.

能力や知識、スキル（技能）を判断する人事基準《メリット・クライテリア》は、もはや公務員の採用や任務抜擢、昇進の根幹たり得ていない。その反面、給料や福利厚生は、民間企業の同等の仕事と比較して手厚すぎるほどだ。

Retention is not based primarily on performance, and for the most part, inadequate performance is not appraised, corrected, or punished.

ほとんどの分野において、基本的に人事施策がパフォーマンスに基づいていない。公務員が不十分な働きをしたとき、それがきちんと査定に反映されたり、正されたり、処罰されたりしていない。

The specific deficiencies of the federal bureaucracy — size, levels of organization, inefficiency, expense, and lack of responsiveness to political leadership — are rooted in the progressive ideology that unelected experts can and should be trusted to promote the general welfare in just about every area of social life.

連邦政府の官僚制が持つ特定の欠陥、即《すなわ》ち、規模、組織のレベル、非効率性、支出、そして政治指導者への責任の欠如は、リベラルの進歩的《プロウグレッシヴ》なイデオロギーに原因がある。即ち、選挙で選ばれていない専門家たちが、国民の社会生活のあらゆる範囲に及ぶ福利厚生の質を上げてくれる、と信じ込まされている。だがそれは、そう信じるべきだというイデオロギーに過ぎない。

おわりに

この本は、米大統領選挙（11月5日）の直前、5日前には出版される。だから、ここに書かれているのは著者の予言である。大きく外《はず》れたら、私の言論人としての信用が落ちる。それだけのことだ。

私は、これからいよいよ動乱《どうらん》期に入るアメリカのここまでを、克明に描いた。この本で、これからのアメリカと世界の近《きん》未来を予言すると共に、後世に残す資料性を持たせることに主眼を置いた。

あとあと、あの時何が起きていたのかの歴史の証拠を正確に書き並べた。

トランプ大統領を、前回の2020年11月の巨大な不正選挙 rigged election リグド・エレクションで打ち倒したのは、アメリカの大富豪の連合体――これがまさしく The《ザ》 Deep《ディープ》 State《ステイト》 である。私は、あの時の事件を克明に追いかけた『裏切られたトランプ革命』

（秀和システム、2021年3月刊）を書いている。本書はその続刊である。

トランプは、アメリカ国民の圧倒的支持（本当の支持率は73%。本書で詳述してある）がある。にもかかわらず、無理やりカマラ・ハリス（支持率26%）を勝たせるだろう。トランプは負ける。私はこの予測（予言）を半年ぐらい前からしている。不愉快きわまりないことだが、これが今の世界だ。

（日本を含めて）先進国のたくさんの国で、選挙の大掛《おおが》かりな不正がコンピュータ・ソフトを使った投票数の移し替え（フリップ、あるいはスイッチと言う）によって行われている。しかし、このことを西側先進国では誰も言わない。アメリカのトランプ支持派は、そのことで今も怒っている。それに関する報道もほとんどない。

この大きな事実を全く認めないで、何喰わぬ顔をしている者たちは全て悪人《あくにん》だ。悪《ワル》の側に身を売っている者たちだ。アメリカ帝国の属国である日本にもたくさんいる。

そして今後も、トランプは無理やり負けさせられる。合衆国大統領に復帰できない。そして、そのあとアメリカ全土で、「こんなあからさまな、再度の不正を私たちは認めない。許さない」と立ち上がる者たちが、各州（state ステイト）で出てくる。

本書で詳細に書いたとおり、アメリカ中西部《ミッドウエスト》と南部《サザン》の30くらいの州《ステイト》（国家）が今の連邦（フェデレイション。合衆国）からの離脱（secede《セシード》）宣言を、次々と開始するだろう。そして、それらの州《ステイト》（国）が団結して、アメリカ中央国《セントラル》という新しい共和国（ニュー・リパブリック）を建国するだろう。

それに、あと4年くらいかかる。これはまさしくアメリカ動乱の始まりであり、それはやがて内乱《レヴォルト》、内戦（市民戦争《シヴィル・ウォー》）となる。

この時、ドナルド・トランプが新共和国の大統領に推《お》されて就任するか、分からない。トランプはニューヨーカーであるから、テキサスを中心にした南部人《サザン・ピーポー》となじまない。トランプ（78歳）は、「私は何も間違ったことをしていない」と言いながら、堂々と引退《リタイア》するだろう。

トランプが、今の合衆国（連邦）の大統領に復帰したくない理由がある。

それは、赤字大企業の社長に再び復帰する者は、企業（会社）が抱えている巨額の累積《るいせき》赤字のもの凄さを知っているからだ。国家も同じである。だからトランプは、本心では返り咲きたくない。社長（大統領）に復帰したら自分の肩にずしりと、その借財の処理の苦しみが即座にのしかかってくるからだ。隠してある損金も膨大である。おそらく1000兆ドル（14京《けい》円）くらいの根雪《ねゆき》となった累積赤字を、今の合衆国は抱えている。「こんなオンボロの帝国は潰《つぶ》れてしまうほうがいいのだ」と、トランプは商売人（ビジネスマン）だから、冷静に考えている。ついでに、腐り切った何百万人もの官僚たちも一緒に滅べばいい、と。

それらの巨額負債を引き継ぐことなく、全く新しい国を作って、そっちにみんなで引っ越せばいい。決意ある正義の人々で善人（good guys グッドガイ）のアメリカ人たちは、こうやってアメリカの国家分裂を推し進めてゆく。そして本書で詳しく解説した、新国家建設の大方針（と工程表 road map ロウドマップ）である Project2025「プロジェクト2025」に従って、着々と前進するだろう。

残ったディープステイト（超《ちょう》財界人と軍産《ぐんさん》複合体とエリート官僚たち）は、そのあとに襲ってくるNYを震源地とする金融大恐慌によって、自滅するだろう。

このようにして、あと4年で世界は大きく変わってゆく。追い詰められたディープステイト側は、計画どおりロシアと中国に戦争を仕掛けて第3次世界大戦を起こしたい。自分たちが生き延びるためである。彼らは戦争が大好きだ。それには核戦争（ニュークレア・ウォーフェア）を含む。日本の場合は、台湾有事《ゆうじ》をアメリカが仕組んで、「中国が攻めてくる」を煽動《せんどう》の標語にして、動乱状況に陥《おとしい》れる。

それに対して私たち日本国民は、「平和憲法を守る。戦争反対。核兵器を持たない。アジア人どうし戦わず」の4つの旗を掲《かか》げて抵抗する。絶対に騙《だま》されない。あいつらの策略に乗らない、という深い知恵こそが大事である。私は、このように近《きん》未来を予言（プレディクト）し、かつ対策を提言する。

最後に。最速で企画からわずか3週間でこの本を仕上げてくれた編集者の大森勇輝氏と祥伝社に厚くお礼を言います。

2024年10月

副島隆彦

切りとり線

★読者のみなさまにお願い

この本をお読みになって、どんな感想をお持ちでしょうか。祥伝社のホームページから書評をお送りいただけたら、ありがたく存じます。今後の企画の参考にさせていただきます。また、次ページの原稿用紙を切り取り、左記編集部まで郵送していただいても結構です。

お寄せいただいた「100字書評」は、ご了解のうえ新聞・雑誌などを通じて紹介させていただくこともあります。採用の場合は、特製図書カードを差しあげます。

なお、ご記入いただいたお名前、ご住所、ご連絡先等は、書評紹介の事前了解、謝礼のお届け以外の目的で利用することはありません。また、それらの情報を6カ月を超えて保管することもありません。

〒101―8701（お手紙は郵便番号だけで届きます）
祥伝社　書籍出版部　編集長　栗原和子
電話03（3265）1084
祥伝社ブックレビュー　www.shodensha.co.jp/bookreview

◎本書の購買動機

________新聞の広告を見て	________誌の広告を見て	________新聞の書評を見て	________誌の書評を見て	書店で見かけて	知人のすすめで

◎今後、新刊情報等のパソコンメール配信を　　希望する　・　しない

◎Eメールアドレス　※携帯電話のアドレスには対応しておりません

@

１００字書評

トランプ勢力の徹底抗戦で　アメリカの国家分裂は進む

住所

名前

年齢

職業

トランプ勢《せいりょく》力の徹底抗戦《てっていこうせん》で　アメリカの国家分裂《こっかぶんれつ》は進《すす》む

令和6年11月10日　初版第1刷発行

著　者　副《そえ》島《じま》隆《たか》彦《ひこ》

発行者　辻　浩明

発行所　祥《しょう》伝《でん》社《しゃ》
〒101-8701
東京都千代田区神田神保町3-3
☎03(3265)2081(販売)
☎03(3265)1084(編集)
☎03(3265)3622(製作)

印　刷　堀内印刷

製　本　ナショナル製本

ISBN978-4-396-61827-8 C0036　Printed in Japan
祥伝社のホームページ・www.shodensha.co.jp

副島隆彦の衝撃作

2023年刊

金融恐慌が始まるので金は3倍になる

世界は〝脱ドル化〟に向かう——
金1グラムは、3万円にハネ上がる！

祥伝社